바다거북 ☞122쪽

폭스 페이스 ☞66쪽

쏠배감펭 ☞64쪽

해마 ☞102쪽

바다뱀 ☞126쪽

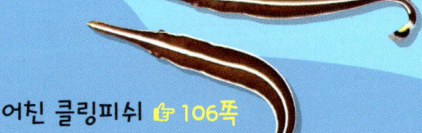
어친 클링피쉬 ☞106쪽

캣샤크 ☞76쪽

프로그 피쉬 ☞44쪽

군소 ☞60쪽

폼폼 크랩 ☞10쪽

핑크 해삼 ☞16쪽

매오징어 ☞112쪽

바티노무스 기간테우스 ☞96쪽

대벌레 👉30쪽

뿔소똥구리 👉92쪽

큰징거미새우
👉78쪽

인디언 복어 👉94쪽
흰동가리 👉12쪽

화살게 👉54쪽

퍼플 슬러그 👉98쪽

성게 👉114쪽

철갑둥어 👉116쪽

옐로우 박스 피쉬 👉36쪽

맨티스 쉬림프
👉14쪽

가든일 👉48쪽
만두게 👉26쪽

블랙 고스트 👉20쪽

투구게 👉32쪽

데코레이터 크랩 👉46쪽

신기함 주의!
입이 떡 벌어지는
생물 총집합!

TV생물도감의
희귀한 생물 대백과

TV생물도감 지음 | **구연산** 그림

바이킹

이 책을 읽는 여러분께

세상에서 가장 신기하고 놀라운 생물들을 소개합니다!

안녕? 친구들, TV생물도감이에요. 어렸을 때부터 생물 다양성이라는 매력에 빠져 생물을 좋아하게 되었어요. 대학교에서 생물학을 공부하고 생물연구소에서 일하면서, 생물에 관한 관심을 키워 왔어요. 지금은 많은 사람에게 매력적인 생물을 소개하는 생태 전문 크리에이터가 되었지요.

우리가 사는 지구에는 정말 셀 수 없을 만큼 다양하고 신기한 생물들이 살고 있어요. 생물들은 사는 장소와 계절, 환경 등에 따라 너무나도 다채로운 모습과 습성이 있지요. 다양한 생물이 살고 있지만, 또 그만큼 많은 생물이 사라지고 있어요. 이 책을 읽는 이 순간에도 멸종이 진행되고 있으니까요. 사람들이 들여온 외래종 생물로 생태계가 몸살을 앓고 있기도 하지요. 생물들이 사라지는 이유 중 하나는 바로 우리의 무관심과 이기심 때문이에요. 관심을 가지고 환경을 보호하는 데 힘쓴다면 더 많은 생물이 살아남을 거예요.

친구들이 이 책을 읽으면서 여러 생물에 매력을 느끼고, 환경 보호에 관심을 가지면 좋겠어요. 수많은 생물을 책 한 권에 모두 담을 순 없었지만, 그중에서도 아주 매력적이고 독특한 생물들을 모아 봤어요. 생물을 살펴보며 관찰력과 과학적 사고력을 키우는 좋은 공부가 될 거예요. 신기하고 놀라운 생물의 세계로 떠나 봐요!

TV생물도감

이 책에서 할 수 있는 자연 탐구 활동!

생물 퀴즈 코너
생물들의 공통점과 차이점, 구체적인 생김새 묘사 등을 알아맞히면서 생물에 대해 더욱 잘 기억할 수 있어요. OX 퀴즈, 초성 퀴즈, 빈칸 퀴즈 등 다양한 퀴즈를 풀어 보세요.

생물 탐방기
국립낙동강생물자원관, 국립생태원, 조류연구센터, 곤충박물관 탐방기를 담았어요. 생태계 교란 생물, 전 세계 멸종위기 야생생물들을 만날 수 있어요.

우리나라의 람사르 습지 ☞ 74쪽
우리나라의 람사르 습지를 소개했어요. 람사르 습지는 무엇인지, 습지에는 어떤 생물이 살고 있는지 알아보세요!

바다 생물 지도 ☞ 130쪽
바다 수심에 따라 어떤 생물이 살고 있는지 한눈에 살펴볼 수 있어요. 심해 생물 이야기도 놓치지 마세요!

나만의 생물 도감 만들기 ☞ 134쪽
직접 관찰한 생물이 있다면 생물 도감을 작성해 보세요. 생물의 특징을 쓰고 그림을 그리며 생물에 대해 더욱 깊이 이해할 수 있어요.

생물 카드 퀴즈 놀이 ☞ 140쪽
생물의 사진을 보여 주고 어떤 생물인지 맞히는 퀴즈 놀이를 해요! 뒷면의 생물 특징을 힌트로 알려 줄 수도 있지요. 누가 더 잘 맞히나 내기해도 재밌을 거예요.

" 개성과 매력이 넘치는
희귀한 생물들의 세계로 여러분을 초대합니다! "

차례

세상에서 가장 신기하고 놀라운 생물들을 소개합니다! … 3
이 책을 활용하는 법 … 8

폼폼 크랩 말미잘로 응원하는 치어리더 게? 복싱하는 게? 귀염뽀짝 … 10
흰동가리 니모 말미잘은 내 운명! … 12
피콕 맨티스 쉬림프 핵펀치의 위력! 주먹 싸움의 최강자 … 14
핑크 해삼 색깔이 고운 해삼도 있다고요! … 16
전기조개 조개가 전기를 만든다고요? … 18
블랙 고스트 목으로 똥을 싸는 물고기? … 20
큰초록하늘소 사파이어처럼 영롱하게 빛나는 … 22

골치 아파요! 생태계 교란 생물 … 24

만두게 움직이는 돌멩이 … 26
파이어 쉬림프 식충이 바다 새우를 만나다! … 28
대벌레 나뭇가지인 줄 알았지? 알고 봐도 헷갈리는 … 30
투구게 살아 있는 화석 … 32
말미잘 바다의 꽃? 무슨 소리! 무시무시한 육식 동물 … 34
옐로우 박스 피쉬 주사위를 닮은 귀염둥이 … 36
할리퀸 쉬림프 무서워! 살아 있는 불가사리만 먹는대! … 38

궁금하다 궁금해! 재미있는 생물 퀴즈 1 … 40

파리지옥 살아 있는 지옥문! … **42**
프로그 피쉬 물고기를 낚시하는 물고기? … **44**
데코레이터 크랩 위장술의 고수 … **46**
가든일 뱀이야? 수초야? 모래 위 빼꼼! … **48**
사슴풍뎅이 긴 뿔을 뽐내는 … **50**
뽈복 바닷속의 피카츄 … **52**
화살게 먹이는 다 내 것! 욕심쟁이 식탐왕 … **54**

TV생물도감의 방방곡곡 생물 탐방기 1 … **56**

군소 바다의 토끼? 달팽이? … **60**
반딧불이 반짝반짝 밤을 밝히는 … **62**
쏠배감펭 바닷속 화려한 무법자 … **64**
폭스 페이스 숨기의 달인? … **66**
민물 가자미 물속의 카멜레온 … **68**
밴디드 파이프 피쉬 빨대같이 얇고 긴 물고기 … **70**
섹시 쉬림프 엉덩이를 흔들흔들~! … **72**

우리나라의 람사르 습지 … **74**

마블 캣샤크 집에서 만나는 아기 상어 ⋯ **76**
큰징거미새우 세계에서 가장 큰 민물 새우 ⋯ **78**
리본장어 나풀거리는 바다의 리듬 체조 선수 ⋯ **80**
앵무새 날 따라 해 봐요! 알록달록 ⋯ **82**
귀오징어 오징어라고 다 못생긴 건 아니에요! 작고 귀여운 ⋯ **84**
구피 내가 바로 국민 열대어! ⋯ **86**

궁금하다 궁금해! 재미있는 생물 퀴즈 2 ⋯ **88**

보름달물해파리 눈, 코, 입, 심장이 없어도 잘 살아요! ⋯ **90**
뿔소똥구리 똥을 먹어서 생태계를 보호하는 ⋯ **92**
인디언 복어 세계에서 가장 작은 복어이지만 성격은 어마무시! ⋯ **94**
바티노무스 기간테우스 외계 생명체 같은 심해 생물 ⋯ **96**
퍼플 슬러그 꽃을 달고 춤추는! 갯민숭달팽이 ⋯ **98**
그린 크로미스 멋진 군영을 이루는 에메랄드빛 바다 요정 ⋯ **100**
해마 포세이돈이 타던 바다의 말 ⋯ **102**
사슴벌레 멋진 턱으로 전투를 벌이는 ⋯ **104**
어친 클링피쉬 성게 속에 거머리가 있다? 아니! ⋯ **106**

TV생물도감의 방방곡곡 생물 탐방기 2 ⋯ **108**

매오징어 바다에도 반딧불이가 있어요! ⋯ **112**
성게 움직이는 밤송이 조개 ⋯ **114**
철갑둥어 붕어빵? 파인애플? 심해어! ⋯ **116**
공벌레 몸을 공처럼 둥글게 말아 버리는 ⋯ **118**
불가사리 탈출의 고수 바다의 별! ⋯ **120**
바다거북 세계 멸종위기 생물을 만나요! ⋯ **122**
아감벌레 학꽁치랑 난 하나?! ⋯ **124**
바다뱀 바다에 사는데 바닷물을 마시면 안 된다구? 바닷속 코브라 ⋯ **126**

궁금하다 궁금해! 재미있는 생물 퀴즈 3 ⋯ **128**

부록

바다 생물 지도 ⋯ **130**

해양 쓰레기 문제, 어떻게 해결할 수 있을까요? ⋯ **132**

자연 탐구를 할 때 주의할 점을 알아봐요! ⋯ **133**

나만의 생물 도감을 만들어요! ⋯ **134**

맨티스 쉬림프를 색칠해 봐요! ⋯ **136**

쏠배감펭을 색칠해 봐요! ⋯ **137**

도움받은 책 및 사이트 ⋯ **138**

생물 카드 퀴즈 놀이 ⋯ **140**

이 책을 활용하는 법

큐알코드
스마트폰으로 큐알코드를 찍어 보세요. 생물의 귀여운 모습을 가까이서, 생생하게 볼 수 있어요.

기본 정보 코너
생물의 학명, 영어명, 크기 등 꼭 알아야 할 기본 정보를 알 수 있어요.

선생님 그림
TV생물도감 선생님이 경험한 내용이나 사육 시 꼭 알아야 할 이야기를 들려 줍니다.

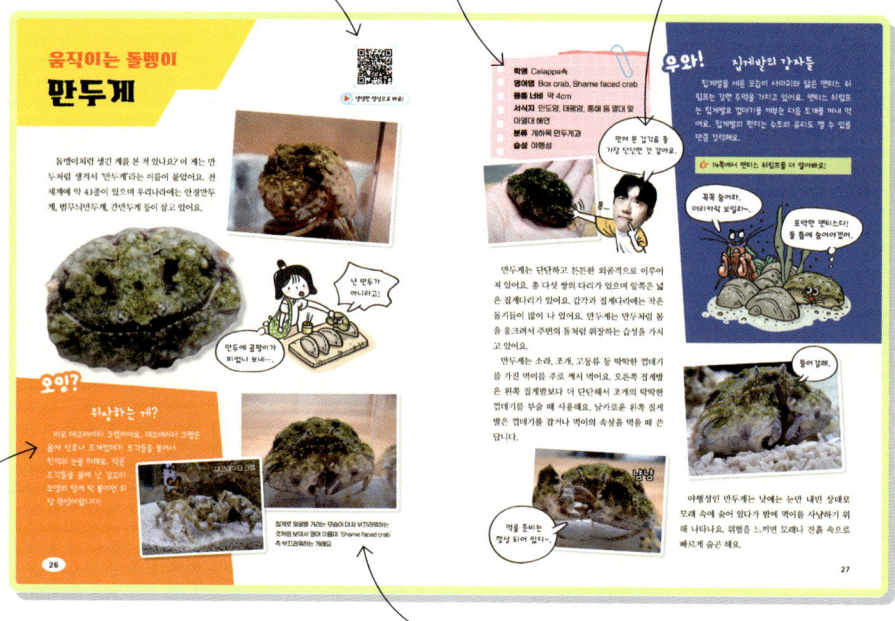

우와! 오잉? 코너
신기하거나 놀랍고 무서운 이야기, 옛날 이야기 등을 소개해요. 생물 지식이 쑥쑥 늘어날 거예요.

사진 / 그림
사진으로 작은 생물을 더 크게, 자세하게 볼 수 있어요. 그림으로는 생물의 특이한 행동을 나타냈어요. 어떤 특징을 지니고 있는지, 왜 그런 행동을 하는지 알 수 있지요.

일러두기

- 생물의 명칭은 'TV생물도감' 유튜브 채널에서 소개한 생물 이름을 기준으로 했습니다. '국가 생물다양성 정보공유체계'의 '국가생물종목록'과 '한국 외래생물 정보시스템'을 참고해 학명을 적어 두었습니다.
- 국립국어원 외래어표기법에 따르면 새우(shrimp)는 '슈림프', 물고기(fish)는 '피시'가 옳은 표기이지만 이 책에서는 브리더(전문 번식 및 사육자)가 많이 사용하는 대로 '쉬림프'와 '피쉬'로 적었습니다.

TV생물도감이랑 생물 탐험 떠나요!

쉽게 만날 수 없는 희귀한 생물들을 모았어요.
보다 보면 너무 신기해서 입이 떡 벌어질 거예요!
생물의 생김새와 특징을 주의 깊게 읽어 봐요.
생물 지식이 쏙쏙! 관찰력이 쑥쑥! 자랄 거예요.

말미잘로 응원하는 치어리더 게? 복싱하는 게? 귀염뽀짝 폼폼 크랩

생생한 영상으로 봐요!

울라울라~

앞발로 말미잘을 들고 춤을 추는 게가 있다고요? 네! 바로 폼폼 크랩이에요. 우리말 이름은 '가는손부채게'예요. 양발로 말미잘을 들고 다니는 모습 때문에 복서 크랩, 치어리더 크랩 등으로 불리기도 해요. 폼폼 크랩은 부채게과의 소형 갑각류로, 크기가 아무리 커도 3센티미터를 넘지 않아요. 어른 손가락 한 마디보다도 작지요.

양발에 말미잘을 든 폼폼 크랩
떤떤

이렇게 작은 게가 살아남으려면 특별한 생존법이 필요합니다. 폼폼 크랩이 선택한 방법은 바로 말미잘이에요. 독성이 있는 말미잘을 들고 다니면서 천적들이 다가오지 못하게 하지요. 폼폼 크랩은 물고기가 다가오면 말미잘을 내밀어 방어해요.

이겨라! 이겨라! 이·기·는·편 우·리·편!

뺏을 생각 말라구!
소동

- **학명** Lybia tessellata
- **영어명** Pompom crab
- **수명** 약 2~5년 **크기** 1~3cm
- **서식지** 인도양, 태평양, 홍해 등 열대 해역의 얕은 바다
- **분류** 십각목 부채게과

이건 몰랐지? 퀴즈!

말미잘을 빼앗긴 폼폼 크랩은 어떻게 할까요?

① 새로운 말미잘을 구하러 간다!
② 나머지 말미잘을 반으로 찢는다!
③ 말미잘을 뺏은 친구를 쫓아간다!

정답은 바로 ②! 말미잘을 빼앗긴 폼폼 크랩은 나머지 한 발에 들고 있던 말미잘을 열심히 반으로 찢어서 양발에 나눠 들고야 만답니다.

폼폼 크랩이 말미잘을 부드럽게 흔들곤 하는데, 이 행동은 경고성 행동이 아닌 말미잘처럼 보이게 하려는 의태 행동이기도 해요. 또한 말미잘은 방어와 공격 수단인 동시에 먹이를 먹을 때 사용하는 도구이기도 합니다.

폼폼 크랩에게 말미잘은 사랑이자 없어서는 안 될 소중한 친구이지요. 사실 말미잘이 없어도 잘 살아가지만 실수로라도 말미잘을 놓칠까 봐 하루 종일 꽉 잡고 다닌답니다. 말미잘에게 이렇게 지극정성인 폼폼 크랩은 성격이 온순한 편이에요. 하지만! 말미잘을 지키거나 빼앗기 위해서라면 다른 폼폼 크랩과 싸우기도 한답니다.

분하다. 분신 같은 내 말미잘을 빼앗겼어!

부글부글

후다닥!

여러분도 빼앗기기 싫은 소중한 게 있나요?

날 어디로 보내려고?

👉 34쪽에서 말미잘을 더 알아봐요!

말미잘은 내 운명!
흰동가리 니모

생생한 영상으로 봐요!

흰동가리는 애니메이션 〈니모를 찾아서〉의 주인공으로, 전 세계 사람들에게 큰 사랑을 받았던 물고기예요. 주황색 몸에 난 흰 줄무늬 때문에 몸이 조각난 것처럼 보여서 '토막'의 사투리인 '동가리'라는 이름이 붙었답니다. 흰동가리의 생김새가 광대처럼 보인다고 해서 영어로 'clownfish(광대물고기)'라고도 해요.

흰동가리는 주로 산호초 지대의 말미잘 주변에서 발견됩니다. 서로 의사소통을 잘하고 새로운 환경에서는 뭉쳐서 의지해요. 하지만 영역 다툼이 강해서 자주 싸우기도 해요.

말미잘(영어로 sea anemone) 주변에서 주로 발견되어 '아네모네 피쉬'라고도 불러요.

- **학명** Amphiprion ocellaris
- **영어명** Ocellaris clownfish
- **다른 이름** 니모, 광대물고기, 아네모네 피쉬
- **수명** 약 10~20년
- **크기** 약 15cm
- **서식지** 호주 북서부, 동남아시아, 인도양, 태평양 따뜻한 해역
- **분류** 농어목 자리돔과

우와! 수컷이 암컷으로 바뀌어요!

흰동가리는 달팽이처럼 암컷과 수컷의 생식 기관을 한몸에 모두 갖춘 자웅동체 물고기예요. 모든 흰동가리는 수컷으로 태어나요. 무리에서 한 마리만이 암컷이 되지요. 하지만 암컷이 무리를 떠나거나 죽으면 가장 큰 수컷이 암컷으로 변해서 남은 수컷 중 가장 큰 수컷과 짝짓기를 해요. 한 번 암컷이 된 흰동가리는 수컷으로 다시 돌아가지는 못해요.

흰동가리는 말미잘과 공생 관계예요. 공격할 무기가 없기 때문에 천적이 나타나면 말미잘 속으로 숨어 버려요. 든든한 은신처이지요. 이때 말미잘은 촉수에 있는 독으로 흰동가리를 지켜 주어요. 흰동가리를 쫓아온 물고기를 마취시켜 잡아먹지요. 다행히 흰동가리는 피부에서 나오는 점액 덕분에 말미잘 속에서 편안하게 있을 수 있답니다. 이렇게 서로 돕고 사는 관계를 공생 관계라고 합니다.

핵펀치의 위력! 주먹 싸움의 최강자
피콕 맨티스 쉬림프

▶ 생생한 영상으로 봐요!

한번 때린 사냥감은 죽을 때까지 공격한다! 갯벌 속 최상위 포식자 피콕 맨티스 쉬림프를 소개합니다. 색이 알록달록하고 사마귀를 닮았다고 해서 공작사마귀새우, 광대사마귀새우, 무지개사마귀새우, 공작갯가재 등 불리는 이름이 많습니다. 주먹의 힘이 세서 바다의 무법자, 바닷속의 폭군 등 무시무시한 별명도 많지요.

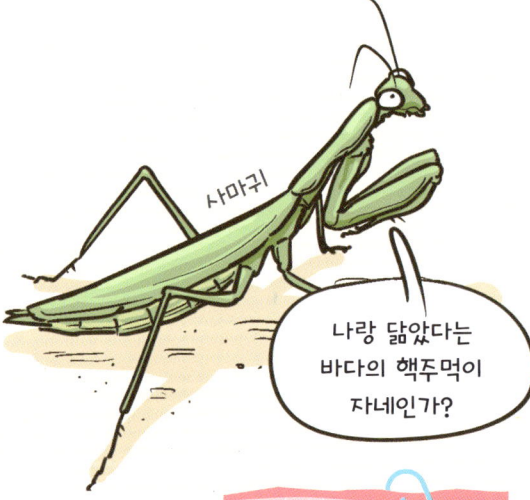

사마귀

나랑 닮았다는 바다의 핵주먹이 자네인가?

스피어형 / 클럽형

앞발은 생김새에 따라 스피어형과 클럽형(펀치형)으로 나뉘어요.

- **학명** Odontodactylus scyllarus
- **영어명** Peacoak mantis shrimp
- **길이** 15~20cm
- **수명** 약 20년
- **서식지** 인도양, 태평양
- **분류** 구각목 갯가재과
- **습성** 야행성

맨티스 쉬림프는 산호초 밑이나 바다에 굴을 파고 먹이가 올 때까지 기다려요. 스피어형 맨티스 쉬림프는 날카로운 앞발로 먹이를 빠르게 낚아채고, 클럽형 맨티스 쉬림프는 먹이를 사정없이 때려 기절시켜요. 기절시킨 다음 껍데기가 부서질 때까지 강한 펀치를 날려요. 어항 유리를 깨뜨리거나 몸집이 세 배는 더 큰 대문어를 때리고 도망갈 정도로 겁이 없기도 해요.

꼬리 색깔

따로 움직이는 양쪽 눈

우다다다!

부서져라!

오잉? 주먹이 부서지지 않는 이유는?

맨티스 쉬림프의 앞발은 곤충의 껍데기처럼 단단한 키틴층으로 덮여 있어요. 키틴층은 나선형의 구조로 되어 있는데, 수산화인회석(뼈와 치아에 들어 있는 물질)이 빈틈을 메워 단단하지요. 먹이를 때릴 때 여러 층의 키틴층이 각도를 조금씩 틀면서 충격을 흡수하는 원리예요. 과학자들은 이 뛰어난 구조를 항공기 소재나 보호 기구 개발에 활용하기 위해 연구하고 있답니다.

맨티스 쉬림프가 먹이를 때리는 속도는 시속 80킬로미터로 엄청 빨라요. 퓨마의 최고 달리기 속도와 맞먹지요. 이렇게 빠른 주먹으로 먹이를 때리면 쇼크 웨이브(충격파)가 생겨요. 1,500N(뉴턴. 힘의 크기를 나타내는 단위)에 달하는 힘으로, 강화 유리도 깨뜨릴 수 있을 정도로 아주 강력해요.

맨티스 쉬림프는 단단한 발 말고도 눈으로 주목받곤 해요. 양쪽 눈이 360도 모든 방향으로 따로 움직일 뿐만 아니라 눈에 동공이 세 개씩 있어서 시각 추적 능력이 뛰어나요. 한 번에 두 가지 물체의 움직임을 정확히 파악할 수 있지요.

사람 눈은 색 수용체가 세 개인 반면 맨티스 쉬림프는 20여 개나 되어 10만 가지의 색을 구별할 수 있다고 하지요. 또 '원편광'이라는 빛을 감지할 수 있는 유일한 생물이어서 영상 관련 기술자들이 깊이 있게 연구하고 있는 생물이랍니다.

색깔이 고운 해삼도 있다고요!
핑크 해삼

▶ 생생한 영상으로 봐요!

해삼은 약 5억 년 전부터 지구에 살고 있는 생물이에요. 몸이 구멍도 많고 흐물흐물한 특이한 생김새로, 잘생긴 건 아니에요. 하지만 해삼이 분홍색이나 노란색이라면 어떨까요? 핑크 해삼과 옐로우 해삼을 만나 봐요!

핑크 해삼

옐로우 해삼

해삼의 내장

해삼의 알

- **학명** Cercodemas속
- **영어명** Pink sea cucumber
- **크기** 6~8cm
- **서식지** 호주 북서부, 인도양, 태평양
- **분류** 해삼강 해삼류
- **습성** 야행성

오잉? 죽지 않는 해삼?

해삼은 몸이 잘려도 불가사리처럼 죽지 않아요. 재생 능력이 뛰어나서 손상된 부위를 다시 복원할 수 있어요. 해삼은 내장을 다 빼고 반으로 잘라도 30~40일이면 내장과 껍질이 다시 생겨요. 정말 신기하지요? 크기와 모양도 자유자재인데요, 울퉁불퉁한 바닥 위에 올려 두면 그 모양대로 울퉁불퉁해져요. 또 몸이 햇빛에 바짝 말랐다가도 물에 들어가면 다시 원상태로 돌아간답니다.

해삼은 바닷속을 떠다니거나 모래, 진흙 속으로 들어가 살아요. 몸에는 작은 구멍들이 많이 나 있는데, 이 구멍에서 '관족'이라고 불리는 다리들이 나와요. 다리에 있는 빨판을 이용해 이동하고 모래 바닥에 붙어 있습니다.

해삼은 움직임이 느린 대신 독을 지니고 있어요. 방어할 때 '퀴비에관'이라고 하는 흰 촉수, 즉 내장을 내뿜어요. 내장에는 물고기에게는 치명적인 독인 '홀로톡신(holotoxin)'이 있어요. 방어하는 방법마저 신기한 생물이에요.

해삼은 모래나 진흙에 붙어 있는 해조류, 플랑크톤, 유기물 등을 먹고 살아요. 먹이 활동을 할 때 입에서 나뭇가지같이 생긴 촉수들이 마구 나와요. 펼쳐진 촉수에 먹이가 걸리면 촉수를 오므려 잡아먹지요. 바다의 모래나 흙을 먹기도 하는데 그 안에 들어 있는 유기물만 먹고 나머지는 항문으로 배출합니다.

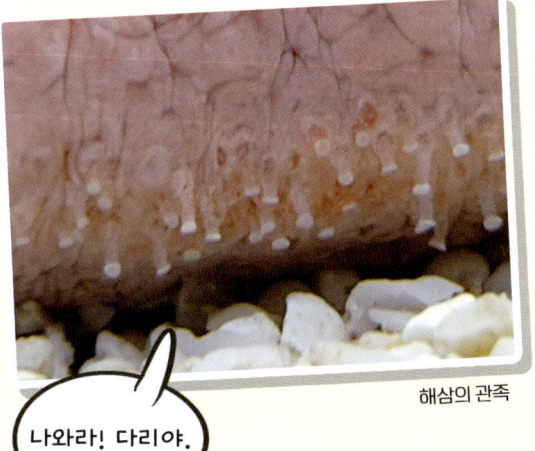

해삼의 관족

나와라! 다리야.

해삼의 내장

내장이 나오고 있어요!

조개가 전기를 만든다고요?
전기조개

생생한 영상으로 봐요!

빨간 머리카락 같은 촉수를 밖으로 펼치고 있는 모습 좀 보세요! 전기조개는 이름뿐만 아니라 생김새로도 강력한 인상을 줘요. 빨간 촉수들이 마치 조개가 불타오르는 것처럼 보인다고 해서 '불꽃조개', '불꽃가리비'라고도 불러요. 가리비류에 속하는 건 아니지만요.

전기조개는 연체동물에 속해요. 뼈와 관절이 없어서 몸을 고무줄처럼 늘였다 줄였다 할 수 있지요. 몸속에는 아가미, 심장, 내장 등이 있어요. 전기조개의 껍데기 안쪽에는 외투막(조개 몸을 싸고 있는 막)과 빨간 촉수들이 있어요. 촉수는 먹이를 잡을 때 사용해요.

빨간 머리처럼 보이는 건 내 촉수!

전기조개의 부족

껍데기 안에는 촉수 외에도 뱀 머리처럼 생긴 '부족'이 있어요. 부족은 전기조개의 발이에요. 부족을 움직여 모래를 파고들거나 이동하지요. 캐스터네츠처럼 껍데기를 열었다 닫으며 생기는 반동으로 움직이기도 해요.

부족에서는 '족사'라고 하는 실 같은 물질이 나와요. 이 족사로 바위에서 떨어지지 않고 딱! 붙어 있을 수 있어요. 아가미는 다른 조개류처럼 호흡하고 먹이를 거르는 여과 역할을 해요.

천적에게서 방어할 때도 입을 계속 열었다가 닫으며 움직여요.

- **학명** Ctenoides scaber
- **영어명** Electric flame scallop
- **크기** 2~8cm
- **서식지** 인도양, 태평양, 대서양, 지중해
- **수명** 약 3년
- **분류** 익각목 외투조개과

우와! 진짜 전기를 만드는 물고기

실제로 물속에는 전기를 내뿜는 물고기들이 있어요. 약한 전기를 뿜는 물고기들은 전기를 주변 상황을 살피는 레이더나 통신 수단으로 사용하고, 강한 전기를 뿜는 물고기들은 전기를 레이더 또는 천적으로부터 방어하고 먹이를 잡는 수단으로 사용해요.

전기뱀장어는 강한 전기를 내뿜는 대표적인 물고기예요. 몸 양쪽에 발전 기관이 세 쌍이나 있어요. 650~850V(볼트)의 강한 전기를 내뿜어 작은 물고기들을 기절시킨 후 잡아먹어요. 전기뱀장어의 전기는 사람도 마비시킬 정도로 치명적이랍니다.

전기뱀장어

전기조개는 진짜 전기를 만들까요? 전기조개를 보고 있으면 전기가 흐르는 것처럼 빛이 짧게 번쩍거려요. 마치 작은 번개 같기도 하지요. 전기조개가 만드는 전기의 정체는 진짜 전기가 아니라 반사된 빛이에요.

전기조개의 외투막 아래에는 잘 보이지 않는 반사판이 있어요. 이 반사판이 빠르게 진동해 주변의 빛을 반사하는 원리예요.

주변의 빛을 이용해 착시 효과를 내는 것이기 때문에 만져도 감전되지 않지요. 전기조개의 빛은 먹이를 유인하거나 게나 새우 등 천적을 위협하기 위해 내는 것으로 추정하고 있어요.

전기조개는 암수가 한 몸인 자웅동체이며 정자와 난자를 몸 밖으로 분출해 수정하는 체외 번식을 해요. 전기조개는 1년 내내 번식할 수 있는 연중 번식을 해요. 유생은 물 위를 떠다니며 영양분을 섭취하며 몸집이 커지고 껍데기가 생기면 바위에 붙어 생활해요.

목으로 똥을 싸는 물고기?
블랙 고스트

생생한 영상으로 봐요!

까마귀 깃털처럼 생긴 블랙 고스트 나이프 피쉬는 보통 '블랙 고스트'라고 불러요. 야행성 물고기면서 헤엄치는 모습이 검은 유령 같다고 해서 붙은 이름이지요. 성격이 소심한 편이라 숨어 지내는 것을 좋아해요. 수초 같은 은신처에 숨어 살지요.

옛날에 남미 지역 원주민들은 죽은 사람의 영혼이 블랙 고스트의 몸에 깃들어 있다고 믿었대요. 그래서 블랙 고스트를 귀하게 여겼다고 합니다.

얼굴에 흰 줄무늬가 있고 꼬리 밑에 하얀 띠가 두 줄 있어요. 긴 몸이 깃털 펜 같아요.

나만의 공간이 필요해.

파이프에 숨은 블랙 고스트

인테리어 소품으로 잘 어울리네.

- **학명** Apteronotus albifrons
- **영어명** Black ghost knifefish
- **크기** 최대 60cm
- **서식지** 남미 아마존, 파라나강
- **수명** 약 15년 **분류** 유령칼고기과
- **습성** 야행성

우와! 강한 전기를 내뿜는 수컷이 인기 만점!

특정 물고기의 전기 기관에서 전기가 발생하는 것을 '전기 기관 방전'이라고 해요. 연구에 따르면 블랙 고스트는 전기 기관 방전의 빈도수가 높은 개체일수록 짝짓기 시기에 우세했어요.

블랙 고스트는 생김새도 특이하지만, 몸의 구조도 특이해요. 등지느러미가 없고 배 아래에는 목부터 꼬리까지 지느러미가 하나로 길게 이어져 있어요. 이 긴 지느러미로 바람에 날리는 깃발처럼 펄럭거리며 빠르게 헤엄쳐요. 지느러미 덕분일까요? 헤엄을 쳐서 뒤로도 잘 가요.

항문이 아가미덮개 아래에 있어요.

블랙 고스트는 시력이 좋지 않아서 전기 신호와 후각을 이용해 먹이를 찾아요. 꼬리의 전기 기관으로 전류를 만들어요. 전기뱀장어처럼 강한 전류는 아니지만 미세한 전류를 연속으로 빠르게 만들어 낼 수 있지요.

이 전류를 이용해 주변 사물을 파악해요. 어두운 환경에서도 먹이를 잘 찾아요. 게다가 전류로 다른 블랙 고스트들과 의사소통도 해요. 천적의 존재도 감지할 수 있어요.

사파이어처럼 영롱하게 빛나는
큰초록하늘소

사파이어처럼 반짝이는 곤충, 신비한 큰초록하늘소를 만나요! 큰초록하늘소는 주로 느티나무 꼭대기에서만 생활해요. 아래로는 잘 내려오지 않아서 발견하기 어렵지요. 나무 꼭대기까지 닿는 포충망이 있다면 잡을 수도 있을 거예요.

오잉?

유해종이 된 유리알락하늘소?

우리나라에 들어온 중국의 유리알락하늘소가 높은 기온 탓에 빠르게 번식했다고 해요. 짧은 기간에 많은 개체들이 나무속을 파먹고 구멍을 내다 보니 많은 나무들이 피해를 입었어요. 우리나라뿐 아니라 캐나다, 유럽 등에도 피해를 주고 있어요. 결국 세계자연보호연맹(IUCN)이 유리알락하늘소를 '세계 100대 유해 외래생물'로 지정했답니다.

- **학명** Schwarzerium provosti
- **영어명** Larger green long horn beetle
- **크기** 약 2~3cm
- **서식지** 한국, 중국
- **분류** 하늘소과 사향하늘소속
- **습성** 주행성

우와! 세계에서 가장 큰 하늘소

바로 타이탄대왕하늘소예요. 남미의 아마존강 유역에 살며 '기간테우스하늘소'라고도 불려요. 어른벌레 길이는 무려 15센티미터 정도로 어른의 손만 한 크기예요. 크기가 클 뿐만 아니라 턱으로 연필을 부러뜨릴 만큼 힘도 세요.

타이탄대왕하늘소

큰초록하늘소의 몸은 반짝반짝 광택이 나서 더욱 아름다워요. 전체적으로 초록색이지만 앞다리와 가운데 다리가 붉은색을 띠어요. 붉은 다리 덕에 초록하늘소와 쉽게 구별할 수 있지요.

더듬이가 검고 길며 턱 힘이 강해요. 배도 광택이 나요. 7월부터 8월까지 운이 좋으면 느티나무 근처에서 만날 수 있어요.

멋진 초록색이지?

큰초록하늘소 어른벌레는 느티나무, 비술나무, 은백양나무에 산란해요. 부화한 애벌레는 턱을 이용해 살아 있는 나무를 파먹으며 자라요. 어른벌레가 야생에서는 어떤 것을 먹고 사는지 아직 정확히 알려지지 않았어요. 연구가 더 많이 필요한 하늘소랍니다.

곤충 젤리를 먹고 있는 큰초록하늘소

냠냠

내 하늘색은 어때?

루리하늘소

골치 아파요! 생태계 교란 생물

생태계 교란 생물은 외래 생물 중에서도 토종 생태계에 피해를 주는 생물을 말해요. 익히 들은 황소개구리, 배스 외에도 생태계 교란 생물이 많지요. 어떤 생물이 있는지 알아볼까요?

포유류에는 뉴트리아, 양서류 및 파충류에는 황소개구리, 붉은귀거북, 늑대거북, 어류에는 큰입배스와 브라운송어 등이 있어요. 갑각류에 미국가재, 곤충류에는 빗살무늬미주메뚜기(미국메뚜기), 붉은불개미, 꽃매미 등이 있지요. 돼지풀, 애기수영, 가시상추 등 생태계 교란 식물도 있답니다.

생태계 교란 생물로 지정되지는 않았지만 유입종 및 외래종이 해를 끼치거나 위험한 경우도 있어요. 최근에 부산, 울산 등 남부 지역 도심지에서 유리알락하늘소가 떼로 발견되었어요. 우리나라에 원래 살고 있던 개체가 아니라 중국에서 온 개체로 밝혀졌어요. 유리알락하늘소는 산란을 위해

황소개구리 올챙이

브라운송어

미국가재

미국메뚜기

유리알락하늘소

유리알락하늘소 산란흔

나무껍질을 뜯는데, 애벌레가 나무속을 다 갉아 먹어 나무를 죽게 만들었지요.

해양 외래종으로는 노무라입깃해파리가 있어요. 노무라입깃해파리는 크기도 2미터로 크고 독성이 매우 강해요. 우리나라 전역에서 등장하고 있어요. 여름에 해수욕장에서 사람들이 물리는 사고가 많이 생기곤 합니다.

한국 외래생물 정보시스템에서 생태계 교란 생물을 검색해 볼 수 있어요!

생태계 교란 생물 검색하러 가기!

노무라입깃해파리

무시무시한 늑대거북의 입

움직이는 돌멩이
만두게

생생한 영상으로 봐요!

돌멩이처럼 생긴 게를 본 적 있나요? 이 게는 만두처럼 생겨서 '만두게'라는 이름이 붙었어요. 전 세계에 약 43종이 있으며 우리나라에는 안경만두게, 범무늬만두게, 간만두게 등이 살고 있어요.

난 만두가 아니라고!

만두에 곰팡이가 피었나 보네….

오잉?

위장하는 게?

바로 데코레이터 크랩이에요. 데코레이터 크랩은 몸에 산호나 조개껍데기 조각들을 붙여서 천적의 눈을 피해요. 작은 조각들을 몸에 난 갈고리 모양의 털에 딱 붙이면 위장 완성이랍니다!

데코레이터 크랩

집게로 얼굴을 가리는 모습이 마치 부끄러워하는 것처럼 보여서 영어 이름이 'Shame faced crab', 즉 부끄러워하는 게래요.

- **학명** Calappa속
- **영어명** Box crab, Shame faced crab
- **몸통 너비** 약 4cm
- **서식지** 인도양, 태평양, 홍해 등 열대 및 아열대 해안
- **분류** 게하목 만두게과
- **습성** 야행성

"만져 본 갑각류 중 가장 단단한 것 같아요."

우와! 집게발의 강자들

집게발을 세운 모습이 사마귀와 닮은 맨티스 쉬림프는 강한 주먹을 가지고 있어요. 맨티스 쉬림프는 집게발로 껍데기를 깨부순 다음 조개를 꺼내 먹어요. 집게발의 펀치는 수조의 유리도 깰 수 있을 만큼 강력해요.

👉 14쪽에서 맨티스 쉬림프를 더 알아봐요!

"꼭꼭 숨어라. 머리카락 보일라~."

"포악한 맨티스다! 돌 틈에 숨어야겠어."

만두게는 단단하고 튼튼한 외골격으로 이루어져 있어요. 총 다섯 쌍의 다리가 있으며 앞쪽은 넓은 집게다리가 있어요. 갑각과 집게다리에는 작은 돌기들이 많이 나 있어요. 만두게는 만두처럼 몸을 웅크려서 주변의 돌처럼 위장하는 습성을 가지고 있어요.

만두게는 소라, 조개, 고둥류 같은 딱딱한 껍데기를 가진 먹이를 주로 깨서 먹어요. 오른쪽 집게발은 왼쪽 집게발보다 더 단단해서 조개의 딱딱한 껍데기를 부술 때 사용해요. 날카로운 왼쪽 집게발은 껍데기를 잡거나 먹이의 속살을 먹을 때 쓴답니다.

"들어갈래."

"냠냠"

"먹을 준비는 항상 되어 있지~."

야행성인 만두게는 낮에는 눈만 내민 상태로 모래 속에 숨어 있다가 밤에 먹이를 사냥하기 위해 나타나요. 위협을 느끼면 모래나 진흙 속으로 빠르게 숨곤 해요.

식충이 바다 새우를 만나다!
파이어 쉬림프

생생한 영상으로 봐요!

강렬한 빨간색을 띠는 파이어 쉬림프를 만나 볼까요? 몸의 색깔 때문에 '블러드 쉬림프'라고도 불러요. 생김새뿐만 아니라 엄청난 식탐으로도 유명해요. 낮에는 바위 아래에 숨어 있다가 밤에 나와서 플랑크톤을 비롯한 다양한 유기물을 먹어 치운답니다.

파이어 쉬림프는 머리와 가슴 부분에 흰색 반점이 있어요. 촉각은 하얗고 길지요. 야행성이기도 하지만 빛에 민감해 주로 그늘지고 어두운 곳에 숨어 있어요.

오늘은 어디에 먹을 게 있나~.

- **학명** Lysmata debelius
- **영어명** Blood red fire shrimp
- **크기** 4~5cm
- **서식지** 인도양, 태평양
- **수명** 약 3~4년 **습성** 야행성

힘내! 너라면 할 수 있을 거야!

오잉? 또 다른 청소 물고기?

크리너레스라는 물고기도 파이어 쉬림프나 크리너 쉬림프처럼 작은 물고기에 붙은 기생충이나 이물질을 먹고 살아요. 야생에서 수백 마리의 물고기를 청소해 준다고 해요. 또한 크리너레스는 실험 연구를 통해 자아가 있는 물고기로 밝혀졌어요. 이마나 턱에 표시를 한 다음 거울을 보여 주었더니 표시가 있는 부분을 바닥에 문질러서 표시를 지우려고 했어요. 신기하지요? 이처럼 거울 테스트를 통과한 생물로는 침팬지, 돌고래, 까치 등이 있어요.

파이어 쉬림프는 다른 갑각류처럼 성장하면서 주기적으로 탈피해요. 갑각류에게 탈피는 아주 중요한 성장 과정이에요. 혹시 촉수나 다리가 잘리더라도 걱정하지 마세요. 다음번 탈피할 때 다시 자랄 거예요. 하지만 조심해야 해요. 탈피할 때 외부의 작은 충격으로도 탈피하지 못하고 용궁으로 갈 수 있어요.

물고기의 죽은 조직이나 기생충 등을 먹이로 먹어요. 크리너 쉬림프와 함께 어항 속에 있는 각종 유기물까지 청소해요.

파이어 쉬림프의 친구 크리너 쉬림프도 아주 열정적인 청소부예요. 물고기와 공생하면서 큰 물고기도 청소해 줘요! 밤이 되면 물고기 몸에 올라타서 피부에 붙은 기생충이나 이물질을 먹으며 영양분을 섭취해요. 다친 물고기의 상처를 치료하기도 해서 '크선생'이라는 별명이 있답니다.

파이어 쉬림프

클리너 쉬림프

여기가 유명한 피부 미용 클리닉이래.

다음 손님 들어오세요.

나뭇가지인 줄 알았지?
알고 봐도 헷갈리는
대벌레

▶ 생생한 영상으로 봐요!

 살아 있는 나뭇가지 같은 대벌레를 소개합니다. 대벌레는 대나무처럼 생겨서 '죽절충(竹節蟲)'이라고도 불러요. 나뭇가지와 너무 닮아서 자세히 보지 않으면 모르고 지나갈 수도 있어요.

- **학명** Ramulus mikado
- **영어명** Stick insect
- **크기** 7~10cm
- **서식지** 전 세계 열대, 아열대 지역
- **수명** 약 1년
- **분류** 대벌레목 대벌레과
- **습성** 야행성

대벌레는 짧은 더듬이와 세 쌍의 가늘고 긴 다리를 가지고 있어요. 나뭇잎이나 나뭇가지로 위장하기 위해 초록색 또는 황갈색을 띠지만 환경에 따라 색이 달라지기도 해요.

수컷 대벌레는 암컷 대벌레보다 가늘고 작아요. 암컷 대벌레는 머리에 한 쌍의 가시가 나 있어요. 몸이 무거워서 수컷만큼 민첩하게 움직이지 못해요. 대벌레는 낮 동안 거의 식물에 숨어 지내고 밤에 활동해요. 바람에 흔들리는 척 연기도 하지요. 날개가 퇴화해 날지 못해요.

움직임이 느리며 공격적이지 않아요. 포식자로부터 위협을 느끼면 죽은 척을 해요. 포식자에게 잡히면 다리를 끊고 도망가요. 대벌레는 몸에 지닌 가시로 방어하거나 특정 종은 냄새가 심한 액체를 뿜어서 방어하기도 해요.

초식성이며 상수리나무, 참나무 등 활엽수 잎을 먹이로 삼아요. 떼로 나타난 대벌레는 집단으로 잎을 먹어 치우는데, 식물을 죽일 만큼은 아니지만 식물의 성장을 더디게 하며 농작물에 피해를 주어 농업 해충으로 여겨지기도 해요. 기후 변화로 온도가 높아지면서 대벌레가 떼로 나타나곤 합니다.

어느 쪽이 진짜게?

줄지어 있는 대벌레 떼

살아 있는 화석
투구게

생생한 영상으로 봐요!

투구게는 4억 5천만 년 전부터 살아온 고대 생물이에요. 2억 년 전과 똑같은 형태라서 살아 있는 화석이라고 부르지요. 투구게는 이름에 게가 들어가지만 생물학적으로 게보다는 거미나 전갈에 더 가까워요. 고대 생물 삼엽충과도 가까운 생물이지요.

투구게는 영어로 'horseshoe crab'이에요. '말발굽 게'란 뜻이지요.

투구게의 다리

투구게는 몸이 머리, 가슴, 배, 꼬리로 이루어져 있어요. 배에는 다리 다섯 쌍, 집게다리 한 쌍이 있어요. 입은 다리 중앙에 있지요. 배 아래쪽에는 아가미, 생식구(구멍)를 덮는 생식 판과 꼬리가 있어요. 몸을 뒤집거나 방어를 할 때 꼬리를 움직여요.

우와!
소중한 투구게의 피

투구게의 혈액에는 독소를 방어할 수 있는 '헤모시아닌'이라는 성분이 있어요. 몸을 아프게 만드는 세균의 독소를 응고시켜서 없애는 효과가 있지요. 이 특별한 능력 때문에 투구게의 피는 코로나 19 같은 질병의 백신 개발이나 의약품 개발에 많이 사용됩니다. 하지만 이런 실험들 때문에 투구게는 멸종위기에 처했지요.

32

- **학명** Limulus polyphemus
- **영어명** Horseshoe crab
- **크기** 최대 60cm **수명** 약 20년
- **서식지** 북아메리카의 대서양 연안, 아시아 태평양 연안
- **분류** 투구게과 **습성** 야행성

투구게의 눈

투구게는 다른 갑각류보다 탈피가 더뎌요. 대신 탈피할 때마다 크기가 쑥쑥 커지지요. 성체가 되기 전까지 15번 정도 탈피해요. 탈피를 하며 커지는 투구게는 60센티미터까지 자랄 수 있어요.

탈피 전 → 탈피 후

탈피 전과 후 크기 비교

탈피 껍데기를 보면 몸집이 커졌음을 알 수 있어요.

투구게는 얼굴에서 보이는 겹눈 두 개와 홑눈 일곱 개를 포함해 총 아홉 개의 눈을 가지고 있어요. 겹눈은 물체의 형태, 색감, 움직임 등을 파악할 수 있고, 홑눈은 빛의 명암을 구분해 밤낮을 구별할 수 있어요. 눈 외에도 몸 전체에 빛을 감지하는 수용체가 있어요. 하지만 시력이 좋은 편은 아니에요. 그래서 먹이를 찾을 때는 주로 후각을 사용하지요.

잡식성인 투구게는 벌레, 해조류, 죽은 물고기 등 느리게 움직이는 생물들을 먹고 살아요. 투구게 다리 사이사이에는 가시가 있어서 다리를 움직여 가시로 먹이를 으깨요.

맨 앞쪽에 있는 집게다리는 먹이를 집어서 입으로 가져오는 역할을 해요. 뒤쪽 한 쌍의 다리는 모래를 팔 때 사용하지요. 투구게의 천적으로는 장어와 바다거북 등이 있어요.

쩝쩝

맛있엉.

누워서 먹어도 맛있엉.

바다의 꽃? 무슨 소리! 무시무시한 육식 동물
말미잘

▶ 생생한 영상으로 봐요!

바다의 꽃이라 불리는 말미잘은 거의 움직임이 없어서 많은 사람들이 식물로 착각해요. 하지만 몸이 원통형의 부드러운 근육질로 이루어져 있는 동물이에요. 말미잘은 '족반'이라고 하는 발을 가지고 있어서 몸을 돌이나 다른 물체에 붙이고 움직일 수 있어요. 돌에 달라붙거나 모래 속에 묻힌 상태로 생활하지요.

말미잘의 '미잘'은 '미주알고주알'의 '미주알'을 줄인 말로 '항문'이라는 뜻이에요. 말의 항문을 닮았다고 해서 말미잘이라는 이름이 붙었어요.

- **학명** Actiniaria속
- **영어명** Sea anemone
- **크기** 약 1~100cm
- **수명** 약 60~80년 **서식지** 전 세계 해역
- **분류** 말미잘목과 해변말미잘목

먹이는 말미잘 입으로 미끄러지듯이 빨려 들어가요.

쭙쭙

말미잘은 상태에 따라 크기를 자유자재로 바꿀 수 있어요. 빛이 없거나 긴장하면 몸을 한껏 움츠려요. 빛이 보이면 다시 촉수를 활짝 펼칩니다.

말미잘은 자신이 원하는 자리를 잡을 때까지 어항을 이리저리 돌아다녀요. 따라서 어항에 넣을 때는 처음에 자리를 잘 잡아 주어야 해요.

말미잘은 자포동물(강장동물)로 촉수를 여러 개 가지고 있어요. 촉수를 이용해 먹이를 사냥해요. 촉수에는 '테트라민(tetramine)'이라는 독소를 방출하는 '자포(독주머니)'가 있어요. 촉수가 먹이를 감지하면 여러 개의 촉수가 끈끈이처럼 작용해 먹이를 감싸요. 이때 자포에서 독침을 발사해서 먹이를 마취시켜요. 먹이를 마취한 다음 말미잘 몸 가운데에 있는 입으로 옮겨 먹는답니다.

육식 동물인 말미잘은 플랑크톤이나 작은 물고기와 갑각류 등을 잡아먹어요. 하지만 말미잘과 공생 관계에 있는 흰동가리는 말미잘 독소에 내성이 있어서 촉수에 몸을 비벼도 괜찮아요. 흰동가리는 말미잘 속에 숨어서 천적을 피하고 말미잘은 흰동가리를 쫓아온 물고기를 먹어요. 이처럼 흰동가리와 말미잘은 서로 돕고 사는 생물이랍니다. 흰동가리와 공생하는 말미잘은 10여 종이 있어요.

여기 맘에 안 들어!

말미잘은 빛이 꼭 필요해요.

난 말미잘 독에 면역이 있어서 괜찮지롱.

몸이 말을 안 들어.

👉 12쪽에서 흰동가리를 더 알아봐요!

주사위를 닮은 귀염둥이
옐로우 박스 피쉬

생생한 영상으로 봐요!

작고 귀여운 옐로우 박스 피쉬를 만나 봐요! 노란색에 네모난 상자를 닮아서 '옐로우 박스 피쉬'라는 이름이 붙었어요. '노랑거북복'이라고도 불러요. 노란 몸에 검은 반점 무늬가 마치 주사위 같기도 하고 패션 프루트 과일이 떠오르기도 해요.

옐로우 박스 피쉬는 작은 지느러미를 빠르게 움직이는 것이 전부라서 수영을 잘하지는 못해요. 움직임이 느리기 때문에 집에서 키울 때는 수류가 느린 어항에서 키워야 해요.

몸은 갑옷처럼 단단해요.

36

- **학명** Ostracion cubicus
- **영어명** Yellow box fish
- **크기** 최대 45cm
- **서식지** 인도양, 대서양, 태평양
- **분류** 복어목 거북복과

이건 몰랐지? 퀴즈!

옐로우 박스 피쉬 수컷이 암컷에게 매력을 뽐내기 위해 하는 행동은?

① 암컷에게 입을 맞춘다.
② 암컷 주변에서 춤을 춘다.
③ 지느러미를 활짝 펼친다.

정답은 ②! 수컷은 짝짓기할 때 암컷 주변에서 몸에 빛을 반사시키며 춤을 추어요.

옐로우 박스 피쉬는 복어라서 독을 지니고 있어요. 위협을 받거나 스트레스를 받으면 피부에서 '파후톡신(pahutoxin)'이라는 신경독이 나와요. 공격하려는 천적뿐 아니라 주변에 있는 물고기들도 죽일 수 있어요. 보통 독을 지닌 물고기들은 몸이 굉장히 화려해요. 밝은 노란색 몸에 검은색 반점이 곧 천적에게 위험을 경고하는 셈이지요.

옐로우 박스 피쉬의 독은 몸에서 만드는 것이 아니라 먹이에서 얻은 독을 몸에 쌓아 둔 것이에요. 따라서 양식으로 키운 옐로우 박스 피쉬는 독이 없답니다.

먹이를 달라고 물총을 쏴요.

열심히 움직이는 둥이라구!

먹이를 향해 움직이는 모습

옐로우 박스 피쉬는 해조류, 해면동물, 작은 갑각류 등을 먹고 살아요. 박스 피쉬의 입은 작고 짧아서 먹이를 깨작거리며 먹는 것처럼 보여요. 먹이를 보기만 해도 물총을 쏘곤 해요.

무서워! 살아 있는 불가사리만 먹는대!
할리퀸 쉬림프

생생한 영상으로 봐요!

알록달록하고 화려한 무늬에 속지 마세요! 살아 있는 불가사리만을 먹는 할리퀸 쉬림프랍니다. 꽃잎 같은 더듬이 때문에 토끼 같기도 하고 난초사마귀 같기도 해요. 이 화려한 무늬는 천적에게 다가오지 말라는 뜻의 경고 역할을 합니다.

할리퀸 쉬림프는 한번 집을 정하면 계속 한곳에 살아요. 좁고 어두운 곳을 좋아하지요.

내가 난초사마귀!

더듬이에는 냄새를 감지하는 수용체가 있어요.

할리퀸 쉬림프는 꽃잎처럼 생긴 더듬이를 사용해 후각으로 먹이를 찾아요. 먹이는 바로 싱싱하게 살아 있는 불가사리지요. 성게를 먹는 친구도 있어요. 보통 혼자서도 자기 몸보다 몇 배나 더 큰 불가사리를 잡아먹어요. 종종 크기가 훨씬 큰 불가사리를 발견하면 단체로 움직여 사냥하기도 해요.

오늘 저녁은 저놈이다!

- **학명** Hymenocera picta
- **영어명** Harlequin shrimp
- **크기** 약 4~5cm
- **서식지** 인도양, 태평양
- **수명** 약 7년
- **분류** 십각목 광대새우과

이쪽 다리도 맛있고 저쪽 다리도 맛있네.

불가사리를 뜯어 먹고 있는 모습

할리퀸 쉬림프는 큰 불가사리를 어떻게 잡아먹을까요? 먼저 불가사리를 발견하면 다리로 불가사리 여기저기를 만지며 크기를 파악해요. 그리고는 불가사리를 뒤집어 잘 움직이지 못하게 한 다음 은신처로 끌고 가요.

불가사리 한 마리를 먹는 데 일주일 이상 걸려요. 할리퀸 쉬림프는 불가사리의 팔을 먼저 먹고 중요 기관과 입이 있는 중심부를 나중에 먹지요.

먹이를 뺏으려는 주변 생물들에게 넓은 더듬이와 집게발을 흔들며 경계해요. 더듬이를 높게 들고 다른 생물이 멀리 갈 때까지 열심히 흔들지요.

불가사리의 관족 사이를 집게로 공격해 불가사리를 떼어 내요.

우리 집으로 가자~.

감히 어딜 와!

날 방해해?

지나갔을 뿐인데, 억울해….

우와!

불가사리의 천적, 나팔고둥

불가사리는 생태계를 교란하는 생물로 바다의 포식자라고 불려요. 그런데 이 포식자를 잡아먹는 천적이 또 있답니다. 바로 나팔고둥이에요. 나팔고둥도 할리퀸 쉬림프처럼 불가사리를 잡아먹어요. 나팔고둥은 불가사리를 먹는 데 3시간밖에 걸리지 않는대요. 할리퀸 쉬림프와 비교하면 엄청난 속도지요?

궁금하다 궁금해!
재미있는 생물 퀴즈 1

1 나는 누구?

2 내 이름을 맞혀 봐!

3 OX 퀴즈

① 말미잘과 공생하는 물고기는 구피입니다.   O / X

② 대벌레는 난초처럼 생겼어요.   O / X

③ 전기조개의 촉수 색깔은 빨간색입니다.   O / X

4 내 이름은?

ㅁ ㅌ ㅏ   ㅅ ㅏ ㄹ ㅍ

5 조각난 그림을 맞춰 봐!

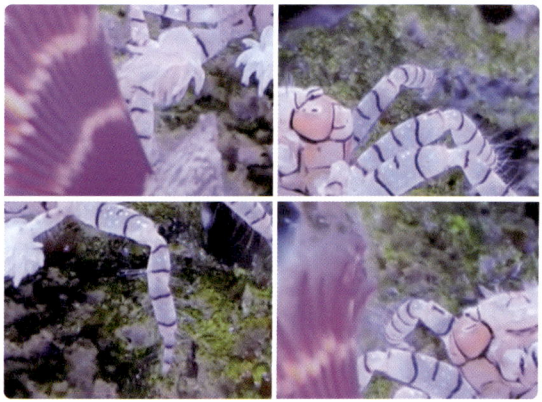

6 내가 누구게?

> 내 촉수는 빨개. 이 촉수는 말이야, 먹이를 잡거나 모래를 파고들 때 사용해. 내가 전기를 만들 수 있다는 소문이 돌던데, 진짜인지 18쪽에서 확인해 봐!

정답 1. 알록달록 바다 파이프, 2. 형형색색 바닷말, 3. X(다리), X(더듬이), O, 4. 매태드 쉬림프, 5. 공룡 크랩, 6. 전기뱀장어

살아 있는 지옥문! 파리지옥

생생한 영상으로 봐요!

얘들아~ 어서 들어오렴! 흐흐.

대표적인 식충 식물 파리지옥은 잎을 움직여서 작은 곤충들을 잡아먹어요. 잎 속으로 들어온 곤충들을 가둔 후 서서히 녹여서 먹어요. 파리지옥 안에 갇힌 곤충들은 서서히 지옥의 맛을 보게 되지요!

파리지옥은 화려한 생김새와 달콤한 향기로 곤충을 유인해요. 파리, 벌, 개미 같은 곤충 외에도 달팽이, 작은 개구리 같은 작은 동물도 먹을 수 있어요. 잎은 최대 20개까지 생겨요. 톱니처럼 생긴 잎을 '트랩'이라고 해요. 트랩 속 가시 밑부분에서 나는 달콤한 향으로 곤충들을 유인하지요. 파리지옥은 잎을 닫을 때마다 많은 에너지를 소모하기 때문에 먹이가 확실히 들어온 상황에서만 잎을 닫아요.

트랩 안쪽에 나 있는 뾰족한 가시는 감각모에요. 감각모가 먹이를 감지해요. 트랩 한 면당 감각모가 세 개씩 총 여섯 개가 있어요. 20초 안에 감각모 두 개 이상을 건드리거나 한 개의 감각모를 연속으로 두 번 이상 건드리면 잎이 닫혀요. 먹이가 없는 상태에서 파리지옥의 잎을 계속 자극하면 에너지 소모가 커서 죽어요.

파리지옥은 씨앗에서 발아한 다음 2~3년 정도 자란 후에 곤충을 사냥할 수 있어요.

- **학명** Dionaea muscipula
- **영어명** Venus flytrap
- **잎의 크기** 3~12cm
- **서식지** 습도가 높은 북아메리카
- **분류** 석죽목 끈끈이귀개과

오잉?

네펜데스

또 다른 식충 식물?

척박한 환경에 사는 식충 식물 네펜데스도 곤충을 유인해서 잡아먹어요. 잎끝에 '포충낭'이라고 하는 주머니가 달려 있어요. 포충낭 입구에 달콤한 냄새가 나는 액체가 묻어 있어요. 달콤한 덫에 걸린 곤충들은 미끄러운 주머니 속에 빠져 버리고 말지요. 포충낭 속에 한번 빠지면 탈출할 수 없어요.

파리지옥의 트랩은 한번 닫히면 곤충이 탈출하기 어려워요. 잎은 소화액을 분비해 먹이를 녹이고 흡수해요. 소화하는 데는 먹이의 크기에 따라 보통 7~10일 정도 걸려요. 먹이의 양분을 모두 흡수한 다음에는 말라 버린 곤충 사체가 바람에 날아갈 수 있도록 트랩을 열어요.

아빠!

위험해! 다가오지 마!

냠냠!

말라 버린 곤충 사체

물고기를 낚시하는 물고기?
프로그 피쉬

생생한 영상으로 봐요!

프로그 피쉬는 가슴지느러미를 발처럼 사용해서 바닥을 걸어 다니는 물고기예요. 이 모습이 개구리를 닮았다고 해서 프로그 피쉬라고 부른답니다. 바다에서도 빠른 물살에 떠내려가지 않게 지느러미를 바닥에 딱 붙이고 있지요.

난 지느러미를 팔처럼 사용해.

도망가지 못하게 머리부터 냠!

프로그 피쉬 어항에 작은 물고기를 합사시켰다가는 다 잡아먹힐 거예요.

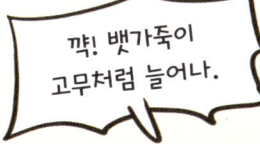

- **학명** Antennarius maculatus
- **영어명** Warty frogfish, Clown frogfish
- **크기** 약 15cm
- **서식지** 제주도, 대서양, 태평양, 인도양 열대
- **수명** 약 20년
- **분류** 아귀목 씬벵이과

우와! 심해 낚시꾼 초롱아귀

심해에 사는 초롱아귀도 프로그 피쉬처럼 머리에 낚싯대를 가지고 있어요. 프로그 피쉬 낚싯대와 다른 점은 초롱아귀의 낚싯대는 반짝반짝 빛이 난다는 점이에요. 낚싯대 끝에는 발광 박테리아가 사는 발광 기관이 있어요. 이 발광 기관 덕분에 초롱아귀가 낚싯대를 흔들면 심해에 사는 물고기들이 빛을 먹이로 착각해 다가온답니다.

프로그 피쉬는 작은 물고기나 갑각류를 먹는 육식어예요. 더 무시무시한 사실은 살아 있는 먹이만 먹는다는 것이에요! 다른 육식어보다 먹이를 구별하는 능력이 뛰어나요. 죽은 먹이를 흔들어서 속이려고 해도 단번에 알아차리지요. 먹이를 먹을 때는 씹지 않고 한 번에 삼켜요. 입이 평소보다 12배나 커져 자기 몸의 두 배가 되는 큰 물고기도 잡아먹을 수 있어요.

머리 앞으로 튀어나온 낚싯대로 먹이를 유인해 잡아먹어요. 머리 앞 등지느러미의 첫 번째 등뼈가 변형된 것으로, '유인 돌기'라고 해요. 이 낚싯대는 모든 방향으로 움직일 수 있으며 먹잇감에게 지렁이 같은 작은 먹이로 보이게 하는 원리예요. 먹이가 가까이 다가오면 엄청 빠른 속도로 잡아먹는답니다. 재밌게도 프로그 피쉬는 먹이를 먹은 직후에 먹이의 부력 때문에 몸을 잘 가누지 못하곤 해요.

프로그 피쉬는 아귀처럼 몸에 비늘이 없어요. 끈적한 점액이 몸을 감싸고 있답니다. 먹이를 먹을 때를 빼고는 몸이 느려요. 몸이 느린 대신 주변 환경과 비슷한 색상으로 위장하는 능력이 있어요. 다양한 색깔로 바꿀 수 있고 위장한 채로 몇 주 동안 있을 수 있지요. 정말 알면 알수록 놀라운 물고기예요!

위장술의 고수
데코레이터 크랩

▶ 생생한 영상으로 봐요!

'꼭꼭 숨어라~ 머리카락 보일라~.' 위장술의 고수 데코레이터 크랩을 만나요! 천적의 눈을 피하기 위해 산호나 주변 사물을 몸에 붙여서 위장하는 행동으로 유명해요. 항상 위장을 하고 있어서 바다에서 한 번에 알아보기 어려워요.

뭐지? 산호인가?

살아 있는 산호로 위장한 데코레이터 크랩이야.

위장할 때 많이 사용하는 장신구로는 해면, 조개껍데기, 산호류, 해조류, 말미잘, 무척추동물 등이 있어요. 산호를 붙이고는 산호인 척 가만히 있지요. 데코레이터 크랩은 대체 어떻게 이 장신구들을 몸에 붙이는 걸까요?

데코레이터 크랩은 돌아다니면서 돌이나 산호 등이 발에 잡히면 바로 입으로 가져가요. 먹이인지 판단한 다음 먹이가 아니라면 몸에 붙여요.

- **학명** Camposcia retusa
- **영어명** Spider decorator crab
- **크기** 3~10cm
- **서식지** 서태평양, 인도양
- **분류** 십각목 물맞이게과

해양 쓰레기가 늘어나지 않도록 도와줘!

먹지 못하는 건 다리로!

뚝딱뚝딱

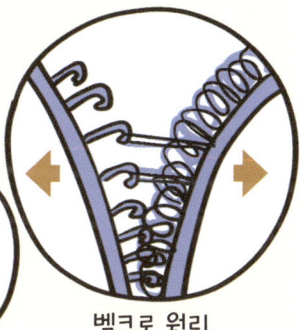

몸에 난 갈고리 모양의 털이 벨크로처럼 재료들을 붙잡아 주는 역할을 해.

벨크로 원리

산호나 돌을 몸에 붙일 수 있는 이유는 몸에 난 갈고리 모양의 끈적한 털 덕분이에요. 다리에 산호를 쓱싹쓱싹 문지르면 갈고리 모양의 털들이 산호를 감싸요. 무겁거나 표면이 매끄러운 것들은 다리에 붙이지 않아요. 가볍고 표면이 거칠어 붙이기 쉬운 것들을 위장 재료로 사용합니다. 요즘 쓰레기를 붙이고 다니는 데코레이터 크랩이 종종 발견된다고 해요. 바다에 놀러 가면 쓰레기를 잘 치워야겠지요?

우린 죽은 거 아냐. 살아 있어.

짜잔

오잉?

산호는 죽었을까?

산호는 달리면 죽을까요? 다행히 달린 산호 조각들은 데코레이터 크랩의 몸 위에서 자란다고 해요. 데코레이터 크랩이 산호에게 해를 끼치지만 멀리 산호를 퍼트려서 산호 번식에 도움이 된다고 고도 해요.

뱀이야? 수초야? 모래 위 빼꼼!
가든일

▶ 생생한 영상으로 봐요!

바다뱀과 비슷하게 생긴 이 생물의 이름은 바로 가든일이에요. 몸을 모래 속에 숨기고 얼굴만 빼꼼 내밀고 있어요.

가든일은 소형 장어류로, 전 세계에 35종이 있어요. 무리 지어 살면서 물살에 따라 이리저리 움직이는 모습이 마치 수초 같답니다. 정원의 풀 같아서 정원장어라는 이름이 붙었대요.

가든일 중에서도 점이 매력적인 스팟티드 가든일을 살펴볼까요? 몸 중간에 불규칙적인 흰 줄이 있고 큰 반점이 세 개 있어요. 첫 번째 점은 아가미 쪽에, 두 번째 점은 몸의 가운데에, 마지막 점은 항문을 둘러싸고 있답니다.

가든일은 종마다 색깔이나 반점의 패턴들이 달라요. 주황색 몸에 흰 줄이 있는 가든일은 오렌지 가든일 또는 스플렌디드 가든일이라고 부른답니다.

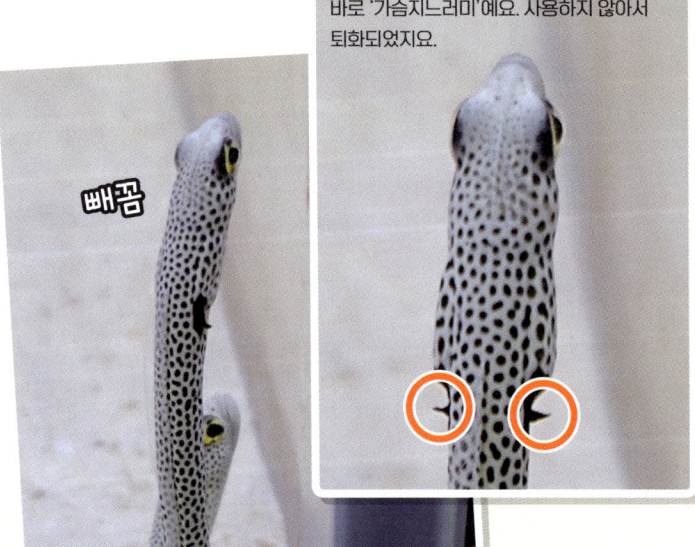

빼꼼

몸에 작은 날개처럼 붙어 있는 것이 바로 '가슴지느러미'예요. 사용하지 않아서 퇴화되었지요.

점이 세 개!

스팟티드 가든일

- **학명** Heteroconger hassi
- **영어명** Spotted garden eel
- **크기** 최대 40cm
- **서식지** 인도 태평양 열대 해역
- **분류** 뱀장어목 붕장어과

오잉? 가든일이 만든 모래 굴은 얼마나 튼튼할까?

가든일 꼬리에서는 끈적끈적한 점액이 나와요. 딱딱한 꼬리로 모래 굴을 판 다음 이 점액을 굴에 발라 단단하게 만들어요. 덕분에 굴이 무너지지 않지요.

네가 바다의 미어캣이야? 한 보초 서는구나.

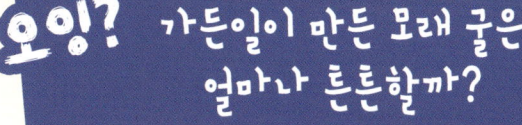

가든일은 겁이 많고 소심해요. 하루 대부분을 모래 속에 숨어서 머리만 내밀고 생활해요. 모래 굴을 팔 때는 튼튼한 꼬리로 춤을 추듯 빠르게 움직여요.

수컷이 암컷보다 훨씬 크고 턱이 튀어나와 있어요. 짝짓기를 하기 전에 수컷과 암컷은 서로 굴을 더 가깝게 만들어요. 짝짓기하는 동안에는 서로 몸을 감싸요. 수컷이 암컷을 보호하며 다른 수컷이 다가오면 공격한답니다.

내가 오렌지 가든일!

야! 오지 마. 여긴 우리 구역이야.

더 다가오면 콱! 물어 버릴 거야!

긴 뿔을 뽐내는
사슴풍뎅이

생생한 영상으로 봐요!

사슴처럼 멋진 뿔을 뽐내는 사슴풍뎅이를 만나요! 사슴풍뎅이는 새콤달콤한 냄새가 나는 수액을 좋아해요. 사슴풍뎅이는 애벌레일 때 다른 꽃무지 애벌레처럼 부엽토(잘 썩은 낙엽으로 이루어진 흙)를 먹고 자라고, 어른벌레가 되면 주로 나무 수액을 먹고 살아요.

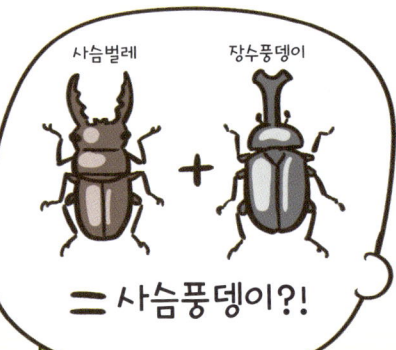
사슴벌레 + 장수풍뎅이 = 사슴풍뎅이?!

멋대로 상상하지 마!

달다 달아.
넘 맛있어!
바나나를 빨아 먹고 있는 사슴풍뎅이

채집할 때 바나나를 나무에 발라 두면 사슴풍뎅이들이 날아와서 잘 먹는 모습을 볼 수 있어요. 5월에 참나무 숲으로 가 보세요! 수액을 열심히 먹고 있는 사슴풍뎅이뿐만 아니라 사슴벌레도 볼 수 있을 거예요.

- **학명** Dicranocephalus adamsi Pascoe
- **영어명** Adams stag-horned beetle
- **크기** 최대 4cm
- **서식지** 한국, 중국, 베트남, 대만
- **분류** 딱정벌레목 풍뎅이과

수컷 사슴풍뎅이

짝짓기 중인 수컷과 암컷

사슴풍뎅이는 포식자인 새나 다람쥐를 위협할 때 긴 앞다리를 이용해요. 천적이 어느 정도 떨어져 있을 때부터 긴 앞다리를 휘적거려서 몸을 더 크게 보이게 해요. 앞다리를 하나씩 앞으로 슉슉 뻗거나 위로 동시에 들어 빠르게 움직여요.

수컷과 암컷은 뿔이 있는지 없는지로 쉽게 구분할 수 있어요. 뿔이 있으면 수컷, 없으면 암컷이지요. 수컷은 머리 앞에 두꺼운 뿔이 한 쌍 나 있어요. 이 뿔 외에도 수컷은 가슴 등판에 검은색 줄무늬가 두 줄 나 있어요.

또한 등딱지의 색깔로도 구분할 수 있어요. 수컷은 밝은 회색이지만 암컷은 어두운 갈색을 띠지요. 신기한 사실 하나! 수컷의 등딱지에 물이 묻으면 어두운 갈색으로 변해요. 물이 마르면 다시 색깔이 돌아온답니다.

사슴풍뎅이는 어른벌레가 된 다음 1~2개월 정도밖에 못 살아요. 그동안 짝짓기도 하고 산란도 하지요. 짝짓기할 때는 수컷이 긴 다리로 암컷을 잡아요. 짝짓기하는 동안 다른 수컷이 다가오면 암컷을 지키기 위해 뿔과 앞다리를 사용해 열심히 싸우지요.

다리가 얇아 나뭇가지를 감싸기 쉬워요.

바닷속의 피카츄
뿔복

"화난 건 아니야."

"뿔은 내 방어 무기야."

생생한 영상으로 봐요!

소처럼 머리에 뿔이 난 뿔복을 소개합니다! 뿔복은 몸이 네모난 박스 피쉬(거북복) 중 하나로 머리와 꼬리에 한 쌍씩 뿔이 있어요. 뿔 달린 소를 닮아서 '롱혼 카우피쉬(Longhorn cowfish)'라고 부르기도 해요.

"종이로 접은 물고기 같기도 해요."

"엄마 뿔은 어디갔어요?"

"필요가 없어서 짧아졌어."

뿔복의 몸은 벌집 모양의 단단한 골질판으로 이루어져 있어요. 뿔복은 자라면서 몸과 꼬리가 길어지고 뿔은 짧아져요. 단단한 몸에 뿔을 가지고 있기 때문에 천적이 별로 없어요. 뿔복은 가끔 머리를 어딘가에 부딪혀 뿔을 부러뜨리는 경우가 있어요. 하지만 뿔은 몇 달 안에 다시 자라나요.

- **학명** Lactoria cornuta
- **영어명** Longhorn cowfish
- **크기** 최대 50cm **수명** 약 8년
- **서식지** 한국 남해안, 인도양, 태평양
- **분류** 복어목 거북복과

우와! 뽈복이랑 닮은 옐로우 박스 피쉬

옐로우 박스 피쉬는 뽈복이랑 같은 박스 피쉬 종으로 서로 많이 닮았어요.

1. 몸이 단단해요.
2. 기분이 안 좋으면 색깔이 어두워져요.
3. 독을 지니고 있어요.

뽈복아, 잘 지내니?

옐로우 박스 피쉬

👉 36쪽에서 옐로우 박스 피쉬를 더 알아봐요!

뽈복은 몸이 단단해서 눈, 입, 지느러미만 움직일 수 있어요. 지느러미로 열심히 헤엄을 쳐도 수영 실력이 좋지 않아 수류가 약한 곳에서 산답니다. 수류가 센 환경에서는 스트레스를 받을 거예요.

야, 저기 택배 상자 떠내려간다.

유속이 빠른 곳은 질색이야!

뽈복은 작은 움직임에도 잘 놀라요. 갑작스러운 움직임, 밝은 빛, 시끄러운 소리, 공격적인 물고기 등에 민감하게 반응해요. 이때 뽈복은 주변 상황이나 기분에 따라 몸 색깔이 바뀌어요.

뽈복은 피부에 '파후톡신'이라는 끈적한 점액의 독을 가지고 있어요. 스트레스를 받거나 위험한 상황에서 독을 내뿜어 방어하는 수단으로 사용해요. 독성이 강해요. 어항 속이라면 주위에 있던 물고기 여러 마리가 죽을 수 있답니다.

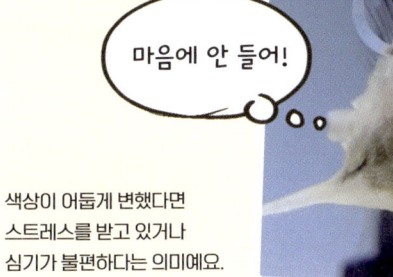

마음에 안 들어!

색상이 어둡게 변했다면 스트레스를 받고 있거나 심기가 불편하다는 의미예요.

먹이는 다 내 것! 욕심쟁이 식탐왕
화살게

누가 나보고 억울하게 생겼대!

먹는 것만 보면 달라고 난리가 나는 화살게를 소개합니다! 머리에 솟은 뿔 때문에 화살게라는 이름이 붙었어요. 몸은 어두운 노란색이지만 집게발은 파란색 장갑을 낀 듯 무늬가 있습니다. 촉각이 민감해서 크기가 작은 사료도 정확하게 알아차려요. 화살게는 몸길이의 세 배 정도 되는 긴 다리로 먹이도 찾고, 주변 지형도 탐색해요.

집게발

화살게도 크리너 쉬림프처럼 바다의 청소부에요. 육식성으로 주로 바다에 사는 작은 벌레나 죽은 유기물 등을 먹어요. 식탐이 어찌나 많은지 먹이 냄새만 나면 바로 달려들지요. 같은 어항에 사는 다른 생물의 먹이도 뺏을 정도예요. 야생에서는 배가 많이 고프면 천천히 움직이는 작은 물고기나 갑각류도 잡아먹어요.

- **학명** Stenorhynchus seticornis
- **영어명** Arrow crab
- **몸 크기** 약 6cm
- **수명** 약 5년
- **서식지** 대서양 얕은 수심의 산호초 지역
- **분류** 십각목 거미다리게과

내놔!

내 먹이란 말이야!

투구게 먹이를 뺏는 모습

화살게와 말미잘은 따로 살지만 같이 살기도 하는 선택적 공생 관계예요. 화살게는 말미잘 속에 들어가 천적으로부터 숨어요. 대신 말미잘 촉수에 붙은 유기물 찌꺼기들을 먹어 주지요. 말미잘 촉수의 독은 다행히 통하지 않아요. 화살게의 단단한 껍데기 덕분이에요.

화살게도 다른 갑각류처럼 탈피를 통해 성장해요. 다리가 잘리더라도 탈피가 끝나면 다시 새롭게 자라지요. 하지만 성장이 끝난 화살게 성체는 다리가 잘리더라도 다시 재생되지 않아요.

TV생물도감의
방방곡곡 생물 탐방기 1

전 세계 멸종 동식물을 볼 수 있어요!
국립낙동강생물자원관

경상북도 상주에 위치한 국립낙동강생물자원관에서는 사람에 의해 멸종되어 다시 볼 수 없는 멸종 동식물을 만날 수 있어요. 꽁지깃이 유명해져 멸종된 후이아, 북극에 살았던 펭귄 큰바다쇠오리 등의 모습을 볼 수 있지요.

멸종위기에 처한 조류, 어류, 식물 등도 알 수 있어요. 이 생물들의 멸종이 농지, 하천, 해양 생태계에 어떤 영향을 끼칠지 배울 수 있을 거예요. 각 생태계를 이루는 다양한 생물을 모형이 아닌 실제 생물로 만든 박제로 전시해 더욱 사실적인 모습을 확인할 수 있어요.

다양한 곤충 채집 방법까지 전시되어 있어 생물 채집에 관심이 많은 어린이들에게 유익한 정보를 제공하고 있지요. 이처럼 국립낙동강생물자원관은 우리나라 생물 다양성을 보존하고 연구하는 데 큰 기여를 하고 있답니다.

극락앵무

50년이 넘은 장수하늘소 표본을 만나다!
양평 곤충박물관

경기도 양평 곤충박물관에 가면 무려 50년이 넘은 우리나라 장수하늘소 표본을 만날 수 있어요. 두점박이사슴벌레, 소똥구리, 큰수리팔랑나비 등 멸종위기 곤충의 모습도 소개해요. 보통 소금쟁이보다 두 배는 더 큰 왕소금쟁이를 볼 수 있어요.

세계에서 더듬이가 가장 긴 곤충인 월리스긴수염왕하늘소부터 턱이 멋있는 메탈리퍼가위사슴벌레, 반짝반짝 빛이 나는 뮤엘러리사슴벌레까지 다양한 외국 곤충도 살펴볼 수 있답니다.

새들의 천국으로 탐조하러 가요!
흑산도 국립공원연구원 조류연구센터

흰눈썹황금새

새들의 천국이라고 부르는 전라남도 신안군의 흑산도를 소개합니다! 흑산도는 제비물떼새, 황금새, 붉은가슴도요 등 국내에 오가는 철새들의 약 70퍼센트 이상이 지나가거나 번식하는 곳으로, 국립공원연구원 조류연구센터가 있어요. 조류연구센터에서 정기적으로 새를 조사하는 가락지 부착 조사를 함께해 보았답니다.

가락지 부착 조사는 그물을 설치해 새를 잡은 다음 새의 먹이, 건강 상태 등을 확인해 생태 정보를 쌓아 가는 일이에요. 물론 검사가 끝나면 다시 놔 줍니다. 눈썹이 매력적인 흰눈썹황금새, 깜찍한 생김새를 지닌 스윈호오목눈이, 보기 어렵다는 큰부리개개비까지 다양한 새를 만날 수 있었어요.

한국동박새

큰부리개개비

생물 양식업을 꿈꾸는 학생들을 위한
한국농수산대학교

박물관 외에도 생물을 공부할 수 있는 학교가 있어요. 바로 한국농수산대학교이지요. 한국농수산대학교의 어류양식학과와 수산생물양식학과는 양식장 경영을 꿈꾸는 학생들이 모인 곳이에요. 무지개송어, 메기, 철갑상어 등 어류를 포함해서 새우, 전복, 가리비, 조개 등 무척추동물, 해조류까지 다양한 생물의 양식 기술을 배우고 실습할 수 있습니다.

학생들은 흰다리새우, 전복 등을 실제로 양식해 보면서 공부할 수 있지요. 물고기를 키우면서 나오는 유기물로 식물도 함께 키우는 기술인 아쿠아포닉스 연구도 진행하고 있어요.

물고기를 키워서 바다에 방생하는 양식장이 있다고요?

바다의 토끼? 달팽이?
군소

별주부전의 결말 이후에 대해 들어 봤나요? 육지로 도망갔던 토끼가 결국 용왕님께 간을 내어 준 뒤에 바다에 살게 됐어요. 이때 바다에 살게 된 토끼가 군소라는 이야기가 있어요. 외국에서도 머리에 촉수 두 개를 달고 있는 모습이 토끼를 닮았다고 해서 '바다 토끼'라고 불러요. 껍데기가 없는 민달팽이도 닮아서 바다 달팽이라고도 불러요.

- **학명** Aplysia kurodai
- **영어명** Sea hare
- **크기** 최대 40cm
- **수명** 약 1~2년
- **서식지** 인도양, 북태평양의 얕은 해안
- **분류** 군소목 군소과

몸을 움츠린 원뿔군소

군소의 머리에는 촉수 두 개가 달려 있어요. 작은 것은 촉각, 큰 것은 후각 담당이에요. 군소의 눈은 정말 작아서 한 번에 찾기 어려워요. 시력은 좋지 않으며 밝기만 구분할 수 있어요. 입안에는 해조류를 갉아 먹을 수 있는 치설이 있어요. 혀처럼 움직이지요.

군소는 심한 자극을 받거나 위협을 느끼면 '자선'이라는 기관에서 오징어나 문어처럼 색소를 뿜어요. 색소를 뿜어서 포식자의 시야를 가려요. 먹이에 따라 군소가 내뿜는 색소의 색이 달라지지만 보통 보라색이나 군청색을 띠어요. 옛날 서양에서는 옷을 염색하기 위해 군소의 색소를 염료로 사용하기도 했대요.

군소는 얕은 해안에서 느리게 기어 다니며 해조류나 이끼 등을 먹는 초식 동물이에요. 녹조류, 홍조류, 갈조류 같은 해조류를 먹지만 특히 파래나 미역을 좋아해요. 이끼가 많은 수조에 군소를 넣으면 이끼가 며칠 만에 사라진답니다!

군소가 바다의 해조류를 닥치는 대로 먹어서 일부 지역에서는 탐관오리의 군수를 따서 '군수'라고도 부른대요.

나는 원뿔군소야.

군소의 입

군소의 항문

냠냠

반짝반짝 밤을 밝히는
반딧불이

▶ 생생한 영상으로 봐요!

밤에 반짝거리는 반딧불이를 본 적 있나요? 반딧불이는 오염이 되지 않은 청정 지역 그리고 불빛이 없는 곳에서 살아요. 환경 오염이 계속되면서 반딧불이 수도 많이 줄었지요.

반딧불이는 약 5,000만~7,000만 년 전부터 존재했으며 우리나라에는 운문산반딧불이, 늦반딧불이, 애반딧불이 세 종이 있어요. 그중에 운문산반딧불이를 살펴봐요!

'개똥벌레'라고도 불러요.

수컷(오른쪽)의 발광기

오잉?

옛날엔 반딧불이로 공부했다고요?

'형설지공(螢雪之功)'이라는 사자성어를 들어 봤나요? 전기가 없던 시대에 가난한 집에서는 밤에 반딧불을 등불 삼아 공부했다는 말이에요.

반딧불이 몸에는 냄새샘이 있어서 손으로 잡으면 고약한 냄새가 날 거예요.

- **학명** Luciola unmunsana Doi
- **영어명** Lightning bug, Firefly
- **크기** 10~14mm
- **서식지** 남극을 제외한 온대 및 열대 지역
- **수명** 성체가 된 후 약 2주
- **분류** 딱정벌레목 반딧불이과

잎 아래에서 한 쌍이 짝짓기를 하고 있어요!

내 짝은 어디에….

반딧불이는 어른벌레뿐만 아니라 알, 애벌레, 번데기 모두 빛을 낼 수 있어요. 반딧불이는 이 빛으로 의사소통을 하고 짝짓기 상대를 유혹하기도 합니다. 또한 포식자로부터 몸을 보호하고 친구들에게 위험을 알리는 경고등 역할도 하지요.

반딧불이는 '루시부파긴'이라는 강한 독성을 지니고 있어요. 이 독은 작은 도마뱀이 반딧불이 한 마리만 먹어도 죽을 수 있을 정도예요. 반딧불이에게 강력한 무기가 있다는 사실을 아는 야생의 포식자들은 반딧불이에게 다가가지 않는답니다.

반딧불이의 몸은 머리, 가슴, 배 세 부분으로 나뉘어요. 배 아래쪽 마디는 연한 노란색을 띠어요. 이곳에 빛이 나는 기관이 있어요. 암컷은 한 개, 수컷은 두 개가 있어요. 이 기관 안에는 발광 세포인 '루시페린'이 들어 있어요. 엉덩이로 산소가 들어오면 루시페린과 만나 빛을 내요. 반딧불이들은 각자 빛의 세기와 주기를 다르게 내서 서로를 구별할 수 있어요.

우와!
무주에 가면 반딧불이를 만날 수 있어요!

반딧불이는 환경 오염 때문에 전국적으로 서식지가 감소했어요. 한 연구에 따르면 100년 안에 반딧불이가 멸종한다고 해요. 전라북도 무주군은 천연기념물 제322호로 지정된 반딧불이와 반딧불이 서식지를 보호하고 있어요. 반딧불이를 직접 관찰할 수 있는 무주반딧불축제를 매년 열고 있지요.

바닷속 화려한 무법자
쏠배감펭

▶ 생생한 영상으로 봐요!

바닷속 물고기를 가리지 않고 모두 먹어 버리는 화려한 무법자, 쏠배감펭을 만나 볼까요? 쏠배감펭은 어렸을 때는 크기가 아주 작지만 다 크면 최대 47센티미터까지 자라요. 식욕도 엄청나고 크기도 큰 물고기랍니다.

점쏠배감펭의 눈은 좌우보다는 앞쪽을 향하도록 발달해 있어서 시야 범위가 좁아요. 좌우에 있는 먹이는 잘 보지 못해요.

난 점이 많아서 점쏠배감펭!

화려하거나 신기해 보이는 것들은 독을 가진 경우가 많아요.

쏠배감펭이 위협을 느끼면 도망가지 않고 얼굴을 똑바로 바라본 채 독가시를 활짝 펼쳐요. 이 가시는 장갑이나 잠수복을 뚫을 만큼 뾰족해요. 이 독가시에 찔리면 엄청난 통증과 함께 찔린 부위가 붓고 심하면 호흡 곤란이나 마비까지 일으켜요.

- **학명** Pterois volitans
- **영어명** Red lionfish
- **크기** 최대 47cm
- **서식지** 한국, 인도양, 태평양, 남해안, 대서양
- **수명** 약 10년
- **분류** 쏨뱅이목 양볼락과   **습성** 야행성

우와! 못 말리는 쏠배감펭의 식욕

쏠배감펭은 식욕이 왕성해요. 화려한 생김새와 독가시로 포식자가 거의 없는 탓에 생태계 문제를 일으켜요. 개체 수를 줄이기 위해 우리나라 제주도와 미국에서는 쏠배감펭 잡기 축제를 연 적도 있어요.

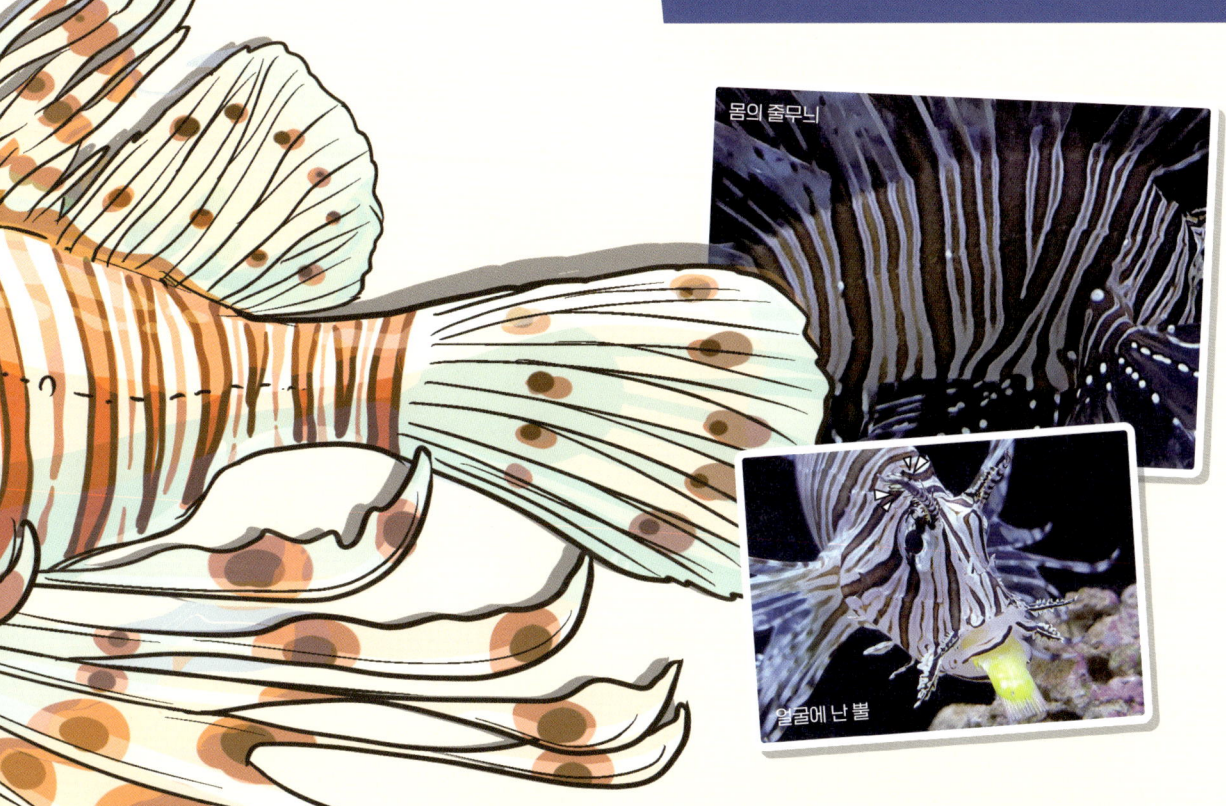

몸의 줄무늬

얼굴에 난 뿔

난 내 몸을 지킬 뿐이야.

쏠배감펭는 절대 만지면 안돼요.

쏠배감펭은 큰 가슴지느러미와 긴 등지느러미를 지니고 있어요. 가슴지느러미는 사자의 갈기 같지요. 그래서 영어 이름이 'Lionfish(사자 물고기)'예요. 몸에 난 줄무늬가 호랑이를 연상시키기도 해요. 얼굴에는 뿔까지 있어요. 화려한 모습으로 자신이 위험한 물고기라는 사실을 열심히 알리는 듯하지요.

숨기의 달인?
폭스 페이스

생생한 영상으로 봐요!

여우야~ 여우야~ 뭐하니~? 물속의 여우, 폭스 페이스를 만나요! 여우를 닮은 외모와는 달리 성격이 온순하고 소심해요. 온순한 성격 덕에 물고기 초보자들이 많이 키우는 물고기예요. 같은 종끼리도 잘 지내서 여러 마리를 함께 키울 수 있지요.

폭스 페이스 몸은 노란색이에요. 얼굴에는 얼룩말처럼 검은색과 흰색으로 된 얼룩무늬가 있지요. 하지만 스트레스를 받거나 잠을 잘 때 독가시를 세우는 동시에 몸 색깔도 어두운 갈색으로 바꾸어요. 심지어 몸에 얼룩덜룩한 무늬도 나타나지요. 다른 물고기가 된 것 같지요?

폭스 페이스는 등지느러미와 배지느러미에 독가시가 있어요. 스트레스나 위협을 받으면 가시를 세우지요. 독가시는 사실 공격보다 자신을 보호하려는 방어 수단으로 사용해요.

- **학명** Siganus vulpinus
- **영어명** Foxface rabbitfish
- **크기** 15~40cm
- **수명** 약 5~7년
- **서식지** 서태평양 열대 지역
- **분류** 농어목 독가시치과

우와! 독가시가 있어서 독가시치

독가시치라는 물고기도 지느러미에 독가시를 지니고 있어요. 입이 작고 볼이 볼록한 생김새가 토끼를 닮아서 영어로 'rabbitfish(토끼물고기)'라고 불러요. 독가시치는 제주도에서 '따치'나 '따돔'이라고도 불러요. 낚싯바늘에 걸리면 몸을 이리저리 흔드는데 그게 '따따따따' 움직인다고 해서 붙은 이름이에요.

스트레스를 받으면 색깔이 달라지고, 등지느러미의 가시도 서요.

너! 이리 와 봐. 내가 더 크지?

폭스 페이스는 등지느러미 아래에 동그랗고 검은 점이 난 원스팟 폭스 페이스(one spot foxface)도 있고, 머리와 몸의 색깔이 뒤바뀐 바이컬러 폭스 페이스(bicolor foxface)도 있어요.

폭스 페이스는 해조류나 동물성 플랑크톤을 주로 먹어요. 배가 고프면 산호를 뜯어 먹곤 해요. 산호와 함께 키운다면 폭스 페이스의 먹이를 잘 챙겨 주어야겠지요? 어항의 이끼를 먹기도 해서 청소부 역할도 한답니다.

원스팟 폭스 페이스

바이컬러 폭스 페이스

난 아직도 배고프다. 촉수 3개씩 내놔!

엄마야!

꺅—

물속의 카멜레온
민물 가자미

▶ 생생한 영상으로 봐요!

가자미는 '물속의 카멜레온'이라는 별명이 있어요. 주변 환경에 맞게 몸 색깔을 바꿀 수 있어서 이런 별명이 붙었답니다. 모래에서 주로 활동하기 때문에 모래와 비슷한 색깔을 띠고 있어요. 이렇게 위장해야 포식자 눈에 잘 띄지 않기 때문이에요!

너도 위장을 잘하는구나?!

못 찾겠지?

눈이 몰린 게 뭐 어때서?

가자미류나 광어(넙치)는 바닥에서 생활하기 때문에 눈이 한쪽으로 몰려 있어요. 새끼 때는 눈이 양쪽에 하나씩 있지만 자라면서 바닥에서 생활하기 좋게 몸이 둥글고 넓어지며 눈도 천천히 한쪽 얼굴로 몰려요. 흔히 가자미 배라고 생각하는 바닥 면은 배가 아니라 몸의 반대편이에요.

- **학명** Brachirus villosus
- **영어명** Velvety sole
- **크기** 최대 10.5cm
- **서식지** 아시아, 오세아니아
- **분류** 가자미목 가자미과
- **습성** 야행성

우와! 광어, 가자미, 도다리 구분법

광어(넙치)
- 가슴지느러미를 아래쪽으로 향할 때 얼굴이 왼쪽 방향.
- 입과 이빨이 크다.

가자미(도다리)
- 가슴지느러미를 아래쪽으로 향했을 때 얼굴이 오른쪽 방향.
- 입과 이빨이 작다.

가자미는 대부분 바다에 살지만, 일부 가자미들은 민물에서 살아요. 세계적으로 기수(민물과 바닷물이 만나는 물)와 민물에 사는 가자미는 18종 있어요. 가자미는 성격이 온순한 편이며 생김새는 광어와 비슷해요.

민물 가자미(담수 가자미)는 움직임이 느리고 야행성 어종이에요. 밤에 사냥하는 것 외에는 잘 움직이지 않지요. 성격이 온순해서 낮에 활동하는 다른 물고기와 같이 키우는 것도 좋아요.

광어랑 도다리는 이렇게 구분하면 된답니다. 여기서 잠깐! 광어랑 넙치는 같은 말이지만 도다리랑 가자미는 달라요. 봄에 먹어야 하는 도다리쑥국의 도다리도 원래 문치가자미예요. 진짜 도다리는 보기 드물다고 하네요!

아가미가 위에 하나, 아래에 하나 있어요.

손에 딱 붙어서 잘 떨어지지 않아요!

빨대같이 얇고 긴 물고기
밴디드 파이프 피쉬

▶ 생생한 영상으로 봐요!

물고기가 다 비슷한 모양은 아니에요. 실처럼 가느다란 물고기도 있답니다. 바로 파이프 피쉬예요! 파이프 피쉬는 해마와 가까운 종으로, 길쭉한 생김새가 파이프와 닮아서 '파이프 피쉬'라고 불린답니다. 파이프 피쉬 중에서도 멋진 줄무늬가 있는 밴디드 파이프 피쉬를 만나 볼까요?

밴디드 파이프 피쉬는 가느다랗고 길어서 몸이 말랑말랑할 것 같지만 실은 단단한 골판으로 이루어져 있어요. 등지느러미와 진한 주황색의 꼬리지느러미도 있지요.

해마처럼 이빨이 없어 기다란 입으로 먹이를 빨아들여 먹어요. 청소기처럼 잘 빨아들이지요.

별다른 공격 수단이 없는 파이프 피쉬는 위장술을 펼쳐서 자신을 보호해요. 바닷속 해초 사이에서 앞뒤로 움직여요. 해초인 척 몸을 흔들며 포식자의 눈을 피하는 것이지요. 어떤 파이프 피쉬는 주변과 비슷한 색으로 바꾸어 위장하기도 해요.

해마랑 닮았지요?

- **학명** Doryrhamphus dactyliophorus
- **영어명** Banded pipefish
- **크기** 최대 19cm
- **서식지** 인도 태평양 열대 지역
- **분류** 실고기목 실고기과

오잉? 해마와 파이프 피쉬, 누가 먼저일까?

과학자들은 파이프 피쉬와 해마 중에 누가 더 먼저 생겼는지 오랜 기간 연구해 왔어요. 2004년 오스트레일리아에서 파이프 피쉬와 해마의 중간 생물(진화 과정의 중간에 있는 생물)로 추정되는 피그미 파이프 호스를 발견했어요. 피그미 파이프 호스와 해마의 유전자를 비교한 결과, 2,500만 년 전에 파이프 피쉬에서 피그미 파이프 호스와 해마가 갈라져 나왔다는 사실을 알아냈답니다.

파이프 피쉬는 해마와 번식 방법도 비슷해요. 수컷이 알을 돌보지요. 암컷에게서 알을 받은 수컷은 알이 부화하기 전까지 약 2주 동안 알을 품어요. 수컷 해마는 육아낭에 알을 품지만 수컷 파이프 피쉬는 알을 배 아래쪽에 붙여서 알을 보호해요.

어때? 내가 네 조상이야.

쳇!

수컷 배에 붙어 있는 알

아빠가 지켜 줄게.

난 살아 있는 먹이가 좋아.

시력이 좋아서 생김새나 움직임을 보고 먹이인지 판단해요.

나 역시 한 흡입한다구!

엉덩이를 흔들흔들~!
섹시 쉬림프

생생한 영상으로 봐요!

바닷속에서 춤 대회가 열린다면 무조건 1위를 차지할 것 같은! 앙증맞은 섹시 쉬림프를 소개합니다. 엉덩이를 위로 높이 들고 왔다 갔다 흔들어서 '섹시 쉬림프'라는 이름이 붙었어요. '스쿼트 쉬림프'라고도 불러요. 말미잘이나 산호 위에서 다른 섹시 쉬림프와 함께 흔들흔들 춤을 추지요.

섹시 쉬림프는 왜 춤을 출까요? 먹이를 유인하기 위해서? 짝짓기를 하려고? 땡! 바로 천적의 공격을 방어하기 위해서예요. 산호나 말미잘의 촉수처럼 흉내 내서 천적의 눈을 피하는 것이지요. 말미잘과 섹시 쉬림프는 공생 관계예요. 말미잘은 섹시 쉬림프를 천적으로부터 보호하고, 섹시 쉬림프는 말미잘의 촉수에 붙은 플랑크톤이나 유기물들을 먹어서 깨끗하게 청소해요.

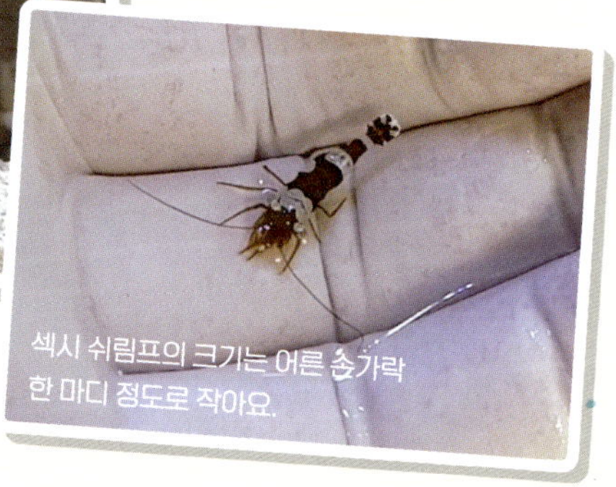

섹시 쉬림프의 크기는 어른 손가락 한 마디 정도로 작아요.

- **학명** Thor amboinensis
- **영어명** Sexy shrimp
- **크기** 약 2cm
- **서식지** 인도양, 서태평양, 대서양
- **수명** 약 5년
- **분류** 십각목 꼬마새우과

"난 이 말미잘 맘에 들어."

섹시 쉬림프처럼 말미잘과 돕고 사는 생물로는 폼폼 크랩, 흰동가리, 소라게 등이 있어요. 폼폼 크랩은 말미잘로 천적의 공격에 방어하고, 흰동가리는 말미잘 속에 숨어 천적을 피하지요.

"얼른 춤추러 가자!"

"준비 다 해 가~!"

폼폼 크랩

흰동가리

👉 10쪽에서 폼폼 크랩을, 12쪽에서 흰동가리를 더 알아봐요!

우리나라의 람사르 습지

람사르 협약이라는 국제 협약을 들어 봤나요? 물새의 서식지이며 생태학적으로도 중요한 습지를 보호하자는 국제 협약이에요. 람사르 협회에서 물새나 희귀 동식물이 사는 곳을 람사르 습지로 지정하지요. 습지는 서식지 보호뿐만 아니라 수질 정화, 기후 조절, 지하수위 조절 기능 등 중요한 역할을 하고 있어 '자연의 콩팥'이라고 불립니다.

우리나라는 1997년에 가입했고 총 24곳이 람사르 습지로 지정되어 보호받고 있어요. 1997년 등록된 강원도 인제 대암산 용늪부터 경상남도 창녕 우포늪(1998년), 전라남도 신안 장도 산지 습지(2005년), 경기도 고양 장항 습지(2021년)까지 24곳이 있어요.

우리나라 람사르 습지

우리나라에는 이렇게나 많은 습지가 있어요. 가까운 습지를 방문해 보세요! 수많은 식물, 동물 친구들을 만날 수 있답니다.

- 인제 대암산 용늪(1997년)
- 창녕 우포늪(1998년)
- 신안 장도 산지 습지(2005년)
- 순천만·보성 갯벌(2006년)
- 제주 물영아리오름 습지(2006년)
- 울주 무제치늪(2007년)
- 태안 두웅 습지(2007년)
- 전남 무안 갯벌(2008년)
- 제주 물장오리오름 습지(2008년)
- 홍천 오대산 국립공원 습지(2008년)
- 강화 매화마름 군락지(2008년)
- 제주 한라산 1100고지 습지(2009년)
- 충남 서천 갯벌(2009년)
- 전북 고창·부안 갯벌(2010년)
- 제주 동백동산 습지(2011년)
- 전북 고창 운곡 습지(2011년)
- 전남 신안 증도 갯벌(2011년)
- 서울 한강 밤섬(2012년)
- 인천 송도 갯벌(2014년)
- 제주 숨은물뱅디(2015년)
- 영월 한반도습지(2015년)
- 순천 동천하구(2016년)
- 안산 대부도 갯벌(2018년)
- 고양 장항 습지(2021년)

※ 괄호 안 연도는 지정 연도입니다.

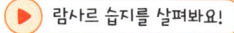
람사르 습지를 살펴봐요!

끝이 안 보일 정도로 넓어요!

우포늪을 소개합니다!

 면적만 2.3제곱킬로미터(약 70만 평)로 아주 넓은 곳이에요. 천연기념물 제524호로 지정되어 있지요.

 오랜 시간에 걸쳐 쌓인 유기물 덕분에 수많은 수생 생물이 습지에서 자랍니다.

 가시연꽃, 자라풀, 생이가래, 투구새우, 왕잠자리 애벌레 등이 살고 있어요. 멸종위기 야생생물 2급인 물장군의 사냥 모습도 볼 수 있지요.

신비의 섬, 신안 장도 산지 습지를 가다!

물장군

생이가래

멋쟁이재주나방 애벌레

집에서 만나는 아기 상어
마블 캣샤크

▶ 생생한 영상으로 봐요!

상어를 집에서 키운다면 어떨까요? 엄청난 크기의 수조와 많은 물고기가 필요하겠지요? 하지만 캣샤크는 다 커도 70센티미터까지 자라는 작은 상어라서 집에서도 키울 수 있답니다. 전 세계에서 관상용으로 인기가 많지요. 캣샤크 중에서도 무늬가 대리석이랑 비슷하고 고양이 수염이 있는 마블 캣샤크를 만나 봐요!

내가 고양이를 닮았다고?!

상어는 다른 물고기와 달리 부레가 없어요. 헤엄치지 않으면 가라앉을 뿐만 아니라 아가미로 호흡을 못하기 때문에 계속 움직여야 합니다. 하지만 마블 캣샤크는 바닥에서 기어다니는 상어로 가만히 있어도 호흡할 수 있답니다.

가만히 있어도 숨 쉴 수 있지!

- **학명** Atelomycterus macleayi
- **영어명** Marble catshark
- **크기** 최대 70cm
- **수명** 최대 20년
- **서식지** 인도양 동부, 호주 해안
- **분류** 흉상어목 두툽상어과
- **습성** 야행성

우와! 철갑상어는 상어가 아니에요!

철갑상어는 사실 상어가 아닌 민물고기예요. 상어 알이라고 하면 우리가 먹는 캐비어를 생각하는 경우가 많은데 캐비어는 철갑상어의 알을 말해요. 사람들이 철갑상어의 알인 캐비어를 많이 소비하면서 철갑상어는 사이테스(CITES) 멸종위기 동물로 지정되었어요.

오징어 냄새를 맡고 있는 캣샤크

작은 입으로 먹이를 한 번에 삼켜요.

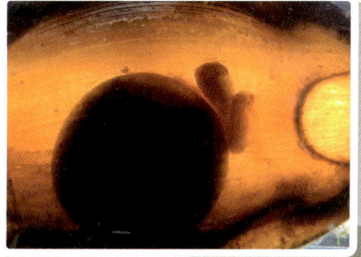

상어와 난황. 상어는 이 난황을 흡수하며 자라요.

상어의 배꼽. 이 배꼽을 통해 난황을 흡수해요.

일반적인 상어는 새끼를 낳지만 캣샤크는 알을 낳아요. 10센티미터 정도 되는 알을 한 번에 두 개씩 낳아요. 알은 마치 망고 씨 같아요. 단단한 듯 물렁하지요. 알 속 새끼는 난황을 흡수하며 조금씩 자라요. 4~6개월 정도가 지나면 부화하지요. 갓 태어난 마블 캣샤크는 무늬가 밝은색이지만 클수록 흐릿해지고 어두워져요.

밴디드 뱀부 샤크

나도 소형 상어!

알이 망고 씨처럼 생겼어.

세계에서 가장 큰 민물 새우
큰징거미새우

▶ 생생한 영상으로 봐요!

세계에서 가장 큰 민물 새우, 큰징거미새우를 만나 봐요! 제일 큰 큰징거미새우 수컷의 길이는 40센티미터, 몸무게는 400그램까지 나가요. 꽤나 크지요? 큰징거미새우는 태국이나 대만처럼 동남아시아 아열대 지역에서 살아요. 워낙 따뜻한 곳에 사는 생물이라서 수온이 15도 이하로 내려가면 살지 못해요.

어른 손과 큰징거미새우 크기 비교

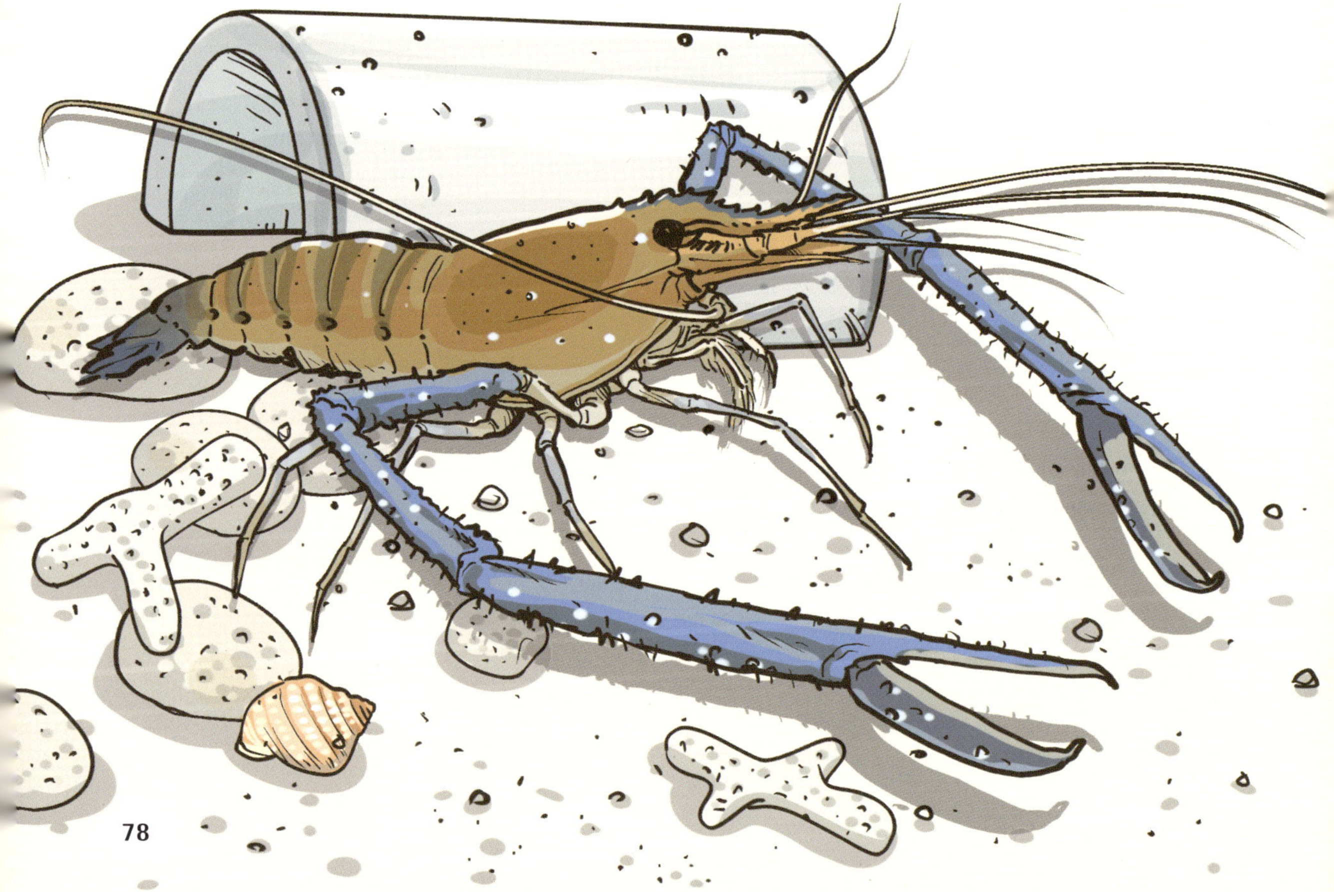

학명 Macrobrachium rosenbergii
영어명 Giant river prawn
크기 약 40cm
서식지 아열대 지역
분류 십각목 징거미새우과

파란색 다리가 매력적이지?

징거미새우보다 한국징거미새우의 색이 훨씬 진해요.

큰징거미새우의 집게발은 몸길이보다 긴 것이 특징이에요. 큰징거미새우는 집게발의 가동지(집게발에서 움직이는 부위)가 굉장히 두꺼워요.

큰징거미새우 수컷을 보면 색깔이 다양해요. 회색, 초록색, 주황색, 파란색 등이 있어요. 크기가 커질수록 집게발의 색이 주황색에서 파란색으로 변한답니다.

큰징거미새우는 외국에 살지만 우리나라에도 징거미새우를 비롯한 민물 새우들이 살아요. 우리나라 토종 민물 새우는 한국징거미새우, 새뱅이, 줄새우 등 13종이 서식하고 있어요. 한국징거미새우는 몸이 갈색으로 진하고 집게발 끝도 색깔이 더 어두워요. 징거미새우와 한국징거미새우를 구별할 때는 집게발을 보면 돼요.

집게발의 집게 부분을 손가락, 집게발의 마디 부분을 손바닥이라고 했을 때, 손가락 길이가 손바닥 길이의 반보다 짧으면 징거미새우, 반보다 길면 한국징거미새우예요. 한국징거미새우의 또 다른 이름은 '두드럭징거미새우'예요. 처음 발견되었을 때 다른 종으로 오해받아 붙은 이름이에요.

우리나라 토종 민물 새우 중 하나인 새뱅이는 하천에 많이 분포해요. 낚시의 미끼나 매운탕에 넣어 먹는 식재료로 유명해요. 관상용 새우로 인기가 많은 '체리새우'나 '노랭이새우'가 새뱅이류에 속하지요.

새뱅이 / 체리새우

나풀거리는 바다의 리듬 체조 선수
리본장어

▶ 생생한 영상으로 봐요!

이 물고기를 보면 리듬 체조 손연재 선수가 떠오를 거예요. 바로 장어예요. S자로 헤엄치는 모습이 마치 아름답게 휘날리는 리본 같아서 리본장어라고 불려요. 리본장어는 이름만 장어고 곰치류에 속하는 물고기예요. '색댕기곰치'라고도 불러요. 시력이 좋지 않고 이빨이 날카로운 점이 곰치와 닮았지요.

너도 리본 체조 좀 하는구나?

- **학명** Rhinomuraena quaesita
- **영어명** Ribbon eel
- **크기** 최대 130cm
- **수명** 약 20년 **서식지** 인도양, 태평양
- **분류** 뱀장어목 곰치과 **습성** 야행성

"어디서 냄새가 나는데…."

우와! 성전환하는 물고기

이마가 툭 튀어나온 모습이 나폴레옹 모자를 닮았다고 해서 나폴레옹 피쉬라고 불러요. 나폴레옹 피쉬는 암컷이 수컷으로 바뀌어요. 신기한 점은 수컷으로 바뀌면 성장 속도가 엄청 빨라진대요! 색이 앵무새처럼 화려한 앵무고기는 이빨이 무시무시한 물고기예요. 암컷이 수컷으로 바뀌는데, 무리에서 가장 큰 암컷이 수컷으로 변한답니다.

나폴레옹 피쉬 / 앵무고기

리본장어는 시력이 좋지 않지만 냄새를 잘 맡아요. 나팔관 모양으로 툭 튀어나온 콧구멍 덕분이랍니다. 아래턱 끝에는 수염처럼 촉수가 달려 있어요. 모래나 바위틈에 숨어 있다가 작은 물고기나 갑각류가 지나가면 훅 나와서 잡아먹어요. 적중률이 높지는 않답니다. 또 공격적인 곰치류와는 다르게 성격이 소심한 편이에요.

리본장어는 먹이를 먹지 않을 때도 입을 크게 벌리고 있어요. 아가미뚜껑이 없기 때문이에요! 다른 물고기들은 물을 아가미로 통과시켜서 물속에 녹아 있던 산소를 흡수하고 다시 아가미뚜껑으로 물을 내보내요. 하지만 리본장어는 입으로 물을 마시고 배출해야 하기 때문에 입을 크게 벌리고 있답니다.

리본장어는 색깔과 성별을 바꾸는 물고기로도 유명해요. 태어났을 때는 검은색이었다가 몸길이가 60센티미터를 넘으면 수컷이 되면서 색깔이 파란색으로 변해요. 1미터 정도로 다 크면 암컷으로 바뀌면서 노란색이 된답니다. 모든 수컷이 암컷이 되는 것은 아니에요. 무리에서 가장 완벽하게 성장한 수컷만이 암컷으로 변할 수 있어요.

"입을 계속 벌리고 있는 건 호흡하기 위해서야."

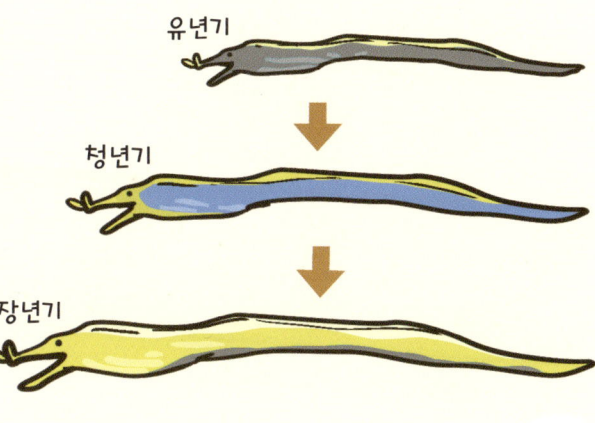

유년기
↓
청년기
↓
장년기

날 따라 해 봐요! 알록달록 앵무새

생생한 영상으로 봐요!

주변 소리를 따라 하기 좋아하는 알록달록한 발색의 소유자 앵무새들을 만나 봐요! 다양한 색상의 깃털과 화려한 생김새로 사람들의 눈을 사로잡는 앵무새는 똑똑하고 사람들과 교감도 잘해요. 앵무새는 전 세계에 약 350여 종이 넘으며 수명이 종마다 달라요.

썬코뉴어 앵무새는 사람과 교감을 잘해 인기가 많은 종이에요. 친해지면 속눈썹까지 다듬어 준다고 해요.

앵무새는 사람 말이나 주변 소리를 잘 흉내 내요. 사람과 혀 구조가 비슷해서 사람의 말소리나 다른 새의 울음소리 등을 따라 할 수 있어요. 훈련을 시키면 상황에 맞게 말할 수도 있지요. 앵무새가 사람 말을 빨리 배우는 방법은 다른 새가 사람 말을 하는 소리를 듣는 것이라고 해요. 물론 모든 앵무새가 흉내를 잘 내는 것은 아니며 종마다 달라요.

청금강 앵무새

- **학명** Psittaciformes
- **영어명** Parrot
- **분류** 앵무목 앵무과

내가 바로 천재 앵무새!

회색앵무

우와!

뭐라고? 조카가 살인범이라고?!

앵무새가 목격했을 돌이야.

범인을 잡은 앵무새

인도에서 주인이 살해된 현장의 유일한 목격자였던 앵무새가 살인범을 알아보고 반응했대요. 이것을 실마리로 범인을 검거하는 데 성공한 사례가 있었어요.

앵무새는 다른 새보다 월등히 똑똑해요. 대형 앵무새는 지능이 5살 아이 수준이며 간단한 퍼즐이나 물건 옮기기 등을 할 수 있어요. 회색앵무는 세계에서 가장 똑똑한 앵무새로 앵무새 중 가장 말을 잘해요.

앵무새는 잡식성으로 주로 과일과 씨앗, 벌레 등을 먹어요. 뉴질랜드의 케아앵무처럼 양과 사슴 사체를 먹는 앵무새도 있어요.

모란앵무는 암수 간의 금실이 좋아서 사랑꾼으로 소문난 앵무새예요. 심지어 영어 이름도 'Love bird'지요. 모란앵무는 한번 짝을 지으면 사이가 좋아서 한 쌍이 항상 나란히 붙어 있어요. 수컷 모란앵무는 사랑꾼답게 암컷과 알을 지켜요.

난 수다쟁이 퀘이커!

퀘이커 앵무새

난 다리 힘이 좋은 카이큐!

카이큐 앵무새

내 껌딱지, 이리 와~.

모란앵무

오징어라고 다 못생긴 건 아니에요! 작고 귀여운 귀오징어

우리가 흔히 아는 길고 뾰족한 살오징어와 달리 귀오징어는 몸통이 짧고 둥글어요. 귀처럼 생긴 지느러미 한 쌍을 펄럭거려서 '귀오징어'라는 이름이 붙었지요. 귀오징어는 작은 크기와 생김새 때문에 '귀꼴뚜기'라고도 불러요.

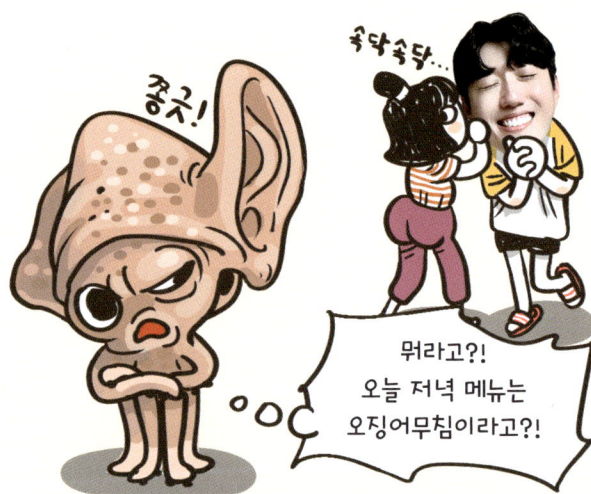

귀오징어는 다리 여덟 개와 '촉완'이라고 하는 긴 다리 두 개가 있어요. 촉완의 많은 빨판으로 먹이를 잡지요. 귀처럼 펄럭거리는 귀오징어의 지느러미는 헤엄칠 때 방향을 정하고 균형을 잡는 역할을 해요.

밤에 활동하며 낮에는 모래나 갯벌 속에 숨어 있어요. 몸을 모래로 열심히 덮어서 숨어요.

모래 속에 숨은 모습

- **학명** Euprymna morsei
- **영어명** Mimika bobtail squid
- **몸길이** 최대 4cm
- **수명** 약 1년
- **서식지** 서해 및 남해, 인도양, 태평양
- **분류** 갑오징어목 귀오징어과
- **습성** 야행성

귀오징어 중 하와이짧은꼬리오징어는 먹물 주머니 표면에 반딧불이처럼 스스로 빛을 내는 발광 기관이 있어요. 발광 기관 속에는 '비브리오 피셔리'라는 발광 박테리아가 살아요. 귀오징어는 박테리아의 발광 덕분에 반짝거릴 수 있어요.

귀오징어와 발광 박테리아는 공생 관계에 있어요. 귀오징어는 박테리아의 빛을 이용해 포식자로부터 몸을 숨겨요. 밤에 달빛과 발광 빛을 일치시켜서 몸을 위장하는 것이지요. 박테리아는 귀오징어 몸속에서 보호받으며 영양분을 얻어요.

귀가 아니라 지느러미야.

카멜레온처럼 귀오징어는 주변 환경과 비슷한 색으로 변신할 수 있어요. 몸 표면에는 흑갈색 반점과 색소 세포가 퍼져 있어요. 근육을 수축시켜서 색소 세포의 크기를 조절하지요. 위협을 느끼면 색을 빠르게 바꿔 포식자로부터 몸을 숨겨요.

잘 부탁합니다.

발광 박테리아

우린 영양분을 얻고

난 위장하고!

색을 변화시켜 기분을 표현하거나 의사소통 수단으로 사용해요.

색깔이 이렇게나 달라진다구!

내가 바로 국민 열대어!
구피

생생한 영상으로 봐요!

열대어 하면 가장 유명한 구피예요! 구피는 크기가 작고 키우기 쉬워 열대어를 처음 키우는 초보자에게 인기가 굉장히 많아요. 모기 애벌레인 장구벌레를 퇴치하는 물고기로도 널리 알려졌어요. 바다와 강이 만나는 강어귀에 사는 기수어로 염분이 있는 물에도 적응할 수 있어요.

열대어 하면 우리지.

구피는 수컷과 암컷의 생김새가 달라서 쉽게 구분할 수 있어요. 수컷 대부분이 다양한 색깔을 띠고 몸과 지느러미 길이도 암컷보다 길어요. 암컷은 색이 없거나 꼬리만 색상을 띠고 있어요. 또 배가 볼록해요.

- **학명** Poecilia reticulata
- **영어명** Guppy
- **크기** 최대 6cm
- **수명** 약 2~3년
- **서식지** 베네수엘라, 트리니다드토바고, 브라질 북부 등
- **분류** 송사리목 난태생송사리과

우와! 구피 방생을 멈추어요!

대표 열대어인 구피에게는 안타까운 이야기가 있어요. 구피가 워낙 새끼를 자주 낳다 보니 몇몇 사람들은 주변 하천이나 공원 연못에 구피를 방생하곤 해요. 구피는 겨울이 되면 수온이 떨어져 죽어 버릴뿐더러 외래동이기 때문에 토종 물고기의 생존을 위협할 수도 있어요. 그럼에도 방생이 계속 이루어지고 있답니다.

하천에서 발견한 구피

평소에도 배불뚝이인 암컷 구피는 임신하면 배가 더 튀어나와요. 수컷이 암컷의 항문을 쪼거나 암컷의 배가 'ㄴ'자 모양으로 볼록해지면 곧 출산을 앞두고 있다는 신호예요. 구피 종류와 발색에 따라 배 속에 든 치어의 모습이 보이기도 해요. 새끼 한두 마리를 낳고 숨을 고르는 과정을 반복하며 출산해요.

어미가 새끼를 다 낳았으면 새끼들을 어미에게서 바로 떨어뜨려야 해요. 출산을 준비하느라 배를 굶주렸던 어미가 새끼를 먹기도 하니까요.

이 암컷 구피는 1시간 동안 20여 마리의 새끼를 낳았어요.

궁금하다 궁금해! 재미있는 생물 퀴즈 2

1 이 중 독을 지니고 있는 생물은?

① 투구게　　② 쏠배감펭　　③ 섹시 쉬림프

2 나는 누구?

머리에 촉수 두 개가 달려 있지.

나는 무서우면 보라색 색소를 뿜어.

내 별명은 바다 토끼야!

3 빈칸을 채워 봐!

☐ 복　　　　　파리 ☐☐

4 이 알은 누구의 것일까?

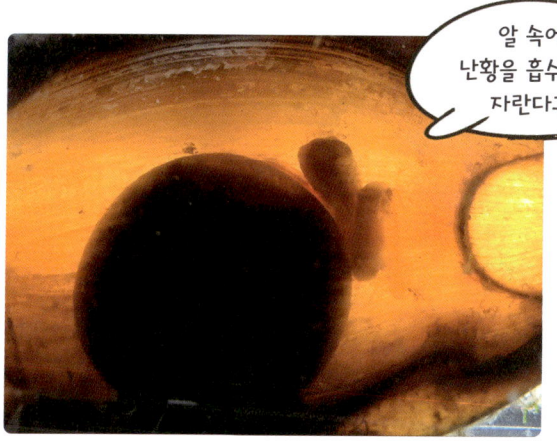

알 속에서 난황을 흡수하면서 자란다구~!

① 캣샤크

② 프로그 피쉬

③ 가든일

5 내 이름은?

ㅅㅏㅍㄷㅇ

눈, 코, 입, 심장이 없어도 잘 살아요!
보름달물해파리

▶ 생생한 영상으로 봐요!

보름달물해파리는 우리나라 바다에서 많이 볼 수 있는 해파리 중 하나예요. 둥근 몸이 달 같아서 보름달이라는 이름이 붙었어요. 해파리는 뇌, 심장, 눈, 코, 귀가 없는 원시 생물이에요. 지구에 공룡이 등장하기 전부터 있었으며, 6억 년 이상 살아온 아주 오래된 생물이지요.

해파리는 투명해서 어항에 어떤 빛을 비추냐에 따라 색깔이 달라져요.

나는 눈, 코, 귀가 없지만 신경이 있어서 다 느낄 수 있어.

해파리의 촉수

- **학명** Aurelia aurita
- **영어명** Moon jellyfish
- **크기** 최대 38cm
- **서식지** 전 세계 연안
- **수명** 약 1년 이하
- **분류** 기구해파리목 느릅나무해파리과

왼쪽은 파랑해파리, 오른쪽은 보름달물해파리예요.

오잉? 해파리에 쏘였다면?

1. 바닷물과 식염수로 20분 이상 씻는다.
2. 촉수는 핀셋 같은 기구로 뗀다.
3. 최대한 만지지 않고 병원으로 간다.

해파리의 독성은 열에 약해 온수에 20분 이상 담그는 것이 좋아요. 작은상자해파리에 쏘인 경우라면 식초가 도움이 될 수 있어요. 만약 해파리의 종류를 모른다면 식초를 사용하면 안 돼요. 증상이 심해질 수 있어요.

보름달물해파리 중에 크기가 큰 해파리는 30센티미터가 넘어요. 보름달물해파리는 둥근 생식선과 구완(입 역할을 하는 팔 모양의 구조)이 네 개씩 있어요. 다른 해파리보다 촉수와 구완이 비교적 짧은 편이에요.

보름달물해파리는 유영 능력이 약해 해류를 이용해서 이동해요. 느리게 유영하다가 촉수와 구완에 걸리는 작은 플랑크톤들을 먹고 살지요. 보름달물해파리의 몸은 투명해서 먹이를 얼마나 먹었는지 훤히 다 보여요.

해파리는 마치 심장이 뛰는 것처럼 헤엄쳐요. 이 움직임은 몸 전체로 영양분을 보내는 역할도 합니다. 영상에서 확인해 보세요!

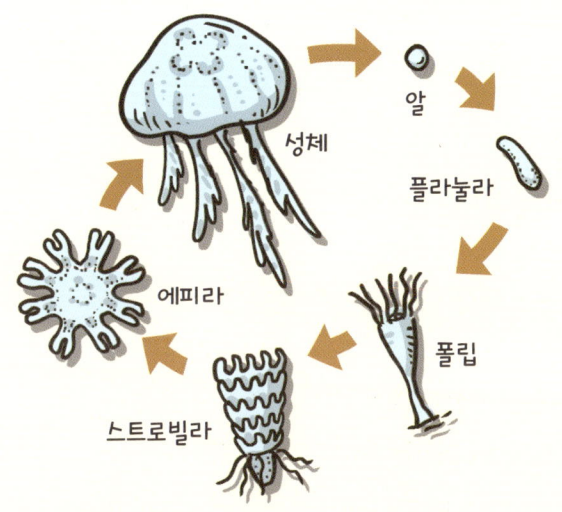

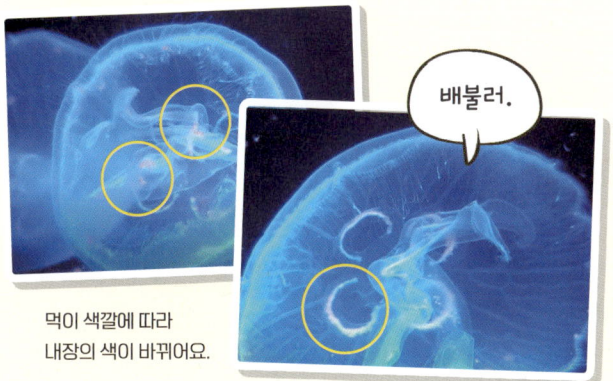

배불러.

먹이 색깔에 따라 내장의 색이 바뀌어요.

해파리는 암컷이 낳은 알과 수컷의 정자가 만나는 체외 수정을 해요. 수정이 된 알은 '플라눌라'가 되어 바위나 해저 바닥에 붙어서 살다가 성별이 없는 '폴립'으로 변해요. 폴립은 혼자 무성 생식으로 똑같은 폴립들을 최대 250개나 만들어 내요. 폴립은 스스로 먹이를 먹고 자라면서 '스트로빌라', '에피라' 단계를 거쳐서 해파리로 성장합니다.

똥을 먹어서 생태계를 보호하는
뿔소똥구리

▶ 생생한 영상으로 봐요!

소똥구리는 소똥을 먹고 살아서 붙은 이름이에요. 소똥만큼 말똥도 좋아해서 지역에 따라 말똥구리라고 부르기도 해요. 우리나라에는 뿔소똥구리, 애기뿔소똥구리, 창뿔소똥구리, 긴다리소똥구리 등 다양한 소똥구리가 있어요. 아쉽게도 현재 왕소똥구리는 국내에서 절멸되었고, 소똥구리와 애기뿔소똥구리는 우리나라 멸종위기 야생생물 2급으로 지정되었어요.

소똥구리 중에서 가장 크고 멋진 뿔소똥구리를 만나 볼까요?

뿔소똥구리는 장수풍뎅이와 비슷하게 생겼어요. 몸이 까맣고 둥글며 광택이 나지요. 크기는 약 2~3센티미터 정도 돼요. 소똥구리의 주둥이 부분은 땅을 파는 굴착기 역할을 해요. 주둥이로 똥이나 땅속을 잘 파고들지요. 뿔소똥구리의 수컷은 코뿔소처럼 이마에 멋진 뿔이 있고 암컷은 작은 돌기가 솟아 있어요.

뿔소똥구리 암컷(왼쪽)과 수컷(오른쪽)

소똥구리는 보통 암수 한 쌍이 함께 발견돼요.

- **학명** Copris ochus
- **영어명** Dung beetle
- **크기** 약 2~3cm
- **서식지** 한국, 일본, 중국 등
- **분류** 딱정벌레목 풍뎅이과

오잉? 현상금이 걸린 소똥구리?

2017년 환경부에서는 소똥구리 한 마리당 100만 원의 현상금을 내걸었어요. 하지만 한 마리도 찾지 못했고 결국 2018년에 국립생태원은 몽골에서 소똥구리 200마리를 들여왔어요. 학계에서는 소똥구리가 1970년대 이후 절멸한 것으로 보고 있어요. 우리나라에서 많은 소똥구리가 사라진 원인으로는 가축을 방목해서 키우는 곳이 줄고, 소에게 항생제를 먹이면서 소똥이 소똥구리들이 먹을 수 없는 똥이 되었기 때문이에요.

이 주둥이로 똥을 쉽게 밀어낼 수 있어.

뿔소똥구리 수컷 두 마리. 개체의 크기에 따라 뿔의 크기가 달라요.

생태계 속 소똥구리의 역할

소똥구리는 후각을 이용해서 먹이를 찾아요. 주로 초식 동물의 똥을 먹고 살지만, 종에 따라서 멧돼지와 같은 잡식 동물의 똥을 먹는 친구들도 있어요. 소똥구리는 특히 소화 능력이 좋아서 똥을 먹으면서 똥을 싸요. 신기하지요? 곤충학자 파브르의 관찰 기록에 따르면 소똥구리는 12시간 이상 똥을 먹으면서 엄청난 양의 똥을 배출했다고 해요.

소똥구리는 동물의 배설물을 분해해서 식물들이 이용할 수 있는 영양원으로 만들어 주는 역할을 합니다. 동물의 배설물을 땅속으로 운반한 다음 먹고 배설해요. 소똥구리의 똥은 식물이나 박테리아가 직접 이용할 수 있는 영양원이 되어 토양을 비옥하게 만든답니다.

나는야 똥 분해자! 환경 지킴이!

세계에서 가장 작은 복어이지만 성격은 어마무시! 인디언 복어

생생한 영상으로 봐요!

복어는 전 세계에 150여 종이 있어요. 그중에서 다 자라도 크기가 3센티미터 정도로 세계에서 가장 작은 복어를 소개합니다. 바로 인디언 복어예요. 외국에서는 난쟁이 복어나 드워프 복어라고 불러요. 인도의 고유종 민물고기로 유속이 느리고 수초와 유목이 많은 강에 살고 있어요.

크기는 손가락 한 마디보다 작아요.

나 무서운 물고기야!

툭툭

풉! 포꼬만 게 의기양양하네.

인디언 복어는 비늘이 없는 황금색 몸에 검은 반점 무늬가 있어요. 크기가 워낙 작아서 수초나 유목 사이에 숨어서 지내요. 크기는 작지만 다른 복어처럼 포식자로부터 위협을 받으면 몸을 두세 배 크기로 부풀려 방어해요. 포식자들이 잡아먹기 힘들게 만들지요.

- **학명** Carinotetraodon travancoricus
- **영어명** Dwarf puffer
- **크기** 최대 3.5cm
- **서식지** 인도
- **수명** 약 4년
- **분류** 복어목 참복과

어항에는 수초를 많이 넣어 주세요!

인디언 복어는 물벼룩, 물달팽이, 수생 곤충 등을 먹고 살아요. 입으로 물을 뿜으며 숨은 먹이를 찾아다니는데, 먹이 경쟁이 심해서 누가 물고 있는 먹이도 뺏어 먹어요.

국수처럼 후루룩!

인디언 복어는 다른 복어처럼 '테트로도톡신(tetrodotoxin)'이라는 신경독이 있어요. 독은 복어가 직접 만드는 것이 아니라 먹이를 통해 테트로도톡신을 만드는 박테리아를 얻는 것이에요. 복어의 독은 다른 물고기를 죽게 할 만큼 치명적이에요.

인디언 복어도 뿔복처럼 주변 환경에 따라 몸의 색깔이 밝거나 어둡게 바뀌어요. 스트레스를 받으면 어두워지는데, 위장하려는 목적도 있어요.

공격성이 강하기 때문에 여러 마리를 같이 키우면 싸울 거예요.

한입 먹어 보자!

엄마야, 성질이 장난이 아니야!

외계 생명체 같은 심해 생물
바티노무스 기간테우스

생생한 영상으로 봐요!

멋진 모습을 아쿠아리움에서 만나 보세요.

지구에서 가장 큰 심해 등각류 바티노무스 기간테우스를 소개합니다! 바티노무스는 1억 6천만 년 전부터 살고 있는 정말 오래된 생물이에요. 공벌레 같은 등각류와 비슷하게 생겼지만 바티노무스 기간테우스는 최대 76센티미터나 커요. 깊고 차가운 심해에 사는 생물이지만 종종 얕은 바다에서도 발견돼요.

바티노무스 기간테우스의 등딱지는 머리와 꼬리를 포함해 총 열네 마디의 단단한 외골격으로 이루어져 있어요. 아랫면에는 총 일곱 쌍의 튼튼한 다리가 발달해 있어요. 꼬리 쪽에는 다른 해양 갑각류와 비슷하게 추진력을 낼 때 사용하는 부채모양의 헤엄다리가 있어요.

등딱지를 자세히 보면 촘촘하게 구멍이 나 있어요.

- **학명** Bathynomus giganteus
- **영어명** Giant isopod
- **크기** 최대 76cm
- **서식지** 멕시코만과 카리브해 일대의 대서양, 인도양, 태평양의 심해
- **분류** 등각목 모래무지벌레과

바티노무스의 입

맨티스 쉬림프의 꼬리 같지 않나요?

다리 끝에는 날카로운 갈고리 모양의 발톱이 발달해 있어서 어디든지 강력하게 달라붙을 수 있어요.

얘는 맨날 잠만 자나? 야, 비켜! 내 자리야.

나 절전 모드야.

바티노무스 기간테우스는 빛이 없는 심해에서 사는 생물답게 눈이 크고, 마치 선글라스를 낀 듯 까매요. 눈은 무려 4,000여 조각의 겹눈들로 이루어져 있어요. 고양이 눈처럼 어두운 환경에서 빛을 반사해 반짝거리지요. 눈 속의 '터피텀'이라고 하는 특수 반사판으로 빛을 반사해서 어두운 곳을 잘 볼 수 있어요. 하지만 시력이 좋지 않아요. 빛이 거의 없는 심해에서는 얼굴에 난 더듬이 두 쌍으로 주변 사물을 감지해요.

바티노무스 기간테우스의 입은 굉장히 독특하게 생겼어요. 입은 먹이를 감지하는 역할을 하며 안쪽은 먹이를 뜯어 먹을 수 있는 단단한 턱이 발달해 있어요.

어두운 심해에서 내 눈은 반짝거려.

눈매는 살아 있네!

흠칫!

꽃을 달고 춤추는! 갯민숭달팽이
퍼플 슬러그

▶ 생생한 영상으로 봐요!

등에 꽃을 달고 있는 이 바다 달팽이는 누구일까요? 촉감은 말랑말랑하면서 움직임은 느릿느릿한 갯민숭달팽이 퍼플 슬러그예요. 갯민숭달팽이란 바다에 사는 껍데기가 없는 달팽이류를 말해요.

등에 있는 꽃은 바로 퍼플 슬러그의 아가미예요. 물에 녹아 있는 산소와 많이 접촉하기 위해 아가미를 최대한 넓게 펼치고 있어요. 자극이나 위협을 느끼면 아가미와 촉수를 몸속으로 쏙 숨긴답니다. 민감한 아가미를 보호하는 것이지요. 퍼플 슬러그의 촉수는 촉각, 후각, 미각 같은 감각 기관 역할을 합니다.

끙차 끙차

달팽이처럼 배쪽 면을 빨판처럼 움직여 이동해요. 멀리 이동하고 싶을 때는 수류를 이용해 둥둥 떠다니다가 바닥에 안착해요.

자유롭게~.

촉수 →

98

- **학명** Hypselodoris bullocki
- **영어명** Purple nudibranch
- **크기** 보통 3~4cm
- **수명** 최대 1년
- **서식지** 서태평양, 동인도양의 열대 해역
- **분류** 나새목 능선갯민숭달팽이과

움직임이 느린 퍼플 슬러그는 포식자의 위협에 대비하는 방법이 있어요. 바로 독성 물질이에요! 이 독은 몸속에서 직접 만들기도 하지만 자신이 먹은 산호 같은 자포 생물이나 해파리로부터 독을 얻기도 해요.

자포를 통째로 먹은 다음 몸속에 지니고 있어요. 공격을 받으면 자포가 용수철 튕기듯이 발사돼요. 이렇게 공격을 받은 포식자들은 두 번 다시 갯민숭달팽이를 건들지 않아요.

멋진 군영을 이루는 에메랄드빛 바다 요정
그린 크로미스

▶ 생생한 영상으로 봐요!

아름다운 에메랄드빛으로 사람들의 마음을 사로잡는 해수어계의 요정, 그린 크로미스를 만나요! 그린 크로미스는 바라보는 각도에 따라 초록색이었다가 파란색이었다가 하늘색도 돼요. 색소세포 덕분이지요. 상황과 기분에 따라 다양하게 바뀌는 색깔은 의사소통 수단이자 천적을 향한 경고예요.

그린 크로미스는 무리 지어 다니며 군영(무리 헤엄)을 이루어요. 에메랄드빛 물고기들이 무리 지어 다니는 걸 보고 있노라면 시간 가는 줄도 모를 거예요. 어항에 알록달록 산호까지 잘 꾸며 둔다면 멋진 모습을 볼 수 있지요.

다들 내 아름다운 색깔에 빠지고 말 거야~.

기분이 안 좋아....

- **학명** Chromis viridis
- **영어명** Blue-green chromis
- **크기** 보통 3~4cm. 최대 10cm
- **서식지** 인도양, 태평양의 열대, 아열대 해역
- **수명** 약 8~15년
- **분류** 놀래기목 자리돔과

그린 크로미스처럼 집에서 키우면서 아름다운 군영을 볼 수 있는 물고기로는 테트라 라스보라, 하스타투스 종류가 있어요. 물론 바다에 사는 멸치나 청어, 날치도 군영을 이루어요. 군영이 아름답긴 하지만 무리에 잘 적응하지 못한 개체들은 따돌림을 당해 죽기도 해요. 어항에서 키울 때는 적응했는지 잘 살펴봐야 하지요.

그린 크로미스는 잡식성이어서 작은 동물과 식물 모두 먹어요. 작은 갑각류, 곤쟁이류, 해조류, 플랑크톤 등을 주로 먹지요. 야생에서 죽은 동물 사체나 죽은 식물들을 먹어서 자연에서 청소부 역할도 해요.

포세이돈이 타던 바다의 말
해마

▶ 생생한 영상으로 봐요!

해마는 말을 닮아 '바다의 말'이라는 이름이 붙었어요. 그리스 로마 신화에서 바다의 신 포세이돈이 타고 다니던 말로 표현되기도 했지요. 길이가 30센티미터 이상 되는 해마도 있고 피그미 해마처럼 2센티미터가 안 되는 해마도 있어요. 환경에 따라 생김새가 크게 달라져요.

- **학명** Hippocampus속
- **영어명** Seahorse
- **크기** 보통 8cm, 최대 30cm
- **서식지** 남해, 대서양 열대, 아열대 해역
- **수명** 약 3~5년
- **분류** 실고기목 실고기과

우리는 레이디 해마!

똑바로 좀 서 봐~!

오잉?

해마랑 닮은 물고기?

해마와 닮았지만 꼬리가 일자인 물고기가 있어요. 바로 파이프 피쉬예요. 파이프 피쉬도 해마처럼 수컷이 새끼를 출산한답니다. 파이프 피쉬는 암컷이 준 알을 배 아래쪽에 붙이고 다녀요.

👉 70쪽에서 파이프 피쉬를 더 알아봐요!

　해마의 몸은 비늘이 없고 단단한 골판으로 덮여 있어요. 마치 갑옷을 입은 것 같아요. 지느러미를 일곱에서 여덟 개씩 가진 물고기와 달리 해마는 지느러미가 네 개밖에 없어요. 등지느러미는 1초에 40번 이상 움직이고 가슴지느러미를 움직여 방향을 바꾸어요. 꼬리지느러미가 없는 대신 긴 꼬리를 해초에 감아서 몸을 고정한답니다.

　해마는 턱과 이빨이 없고 빨대처럼 생긴 입이 있어요. 이 입은 관처럼 생겨서 먹이를 빠르게 빨아들여요. 해초 지대에 숨어서 플랑크톤이랑 곤쟁이류를 먹고 살아요. 해마는 주변 환경에 따라 피부색을 바꿀 수 있어요. 천적으로부터 숨기 위해 몸의 색깔을 바꾸지요. 주변 산호 색으로 바꾸곤 해요.

　해마는 육아낭을 가진 수컷이 새끼를 출산해요. 짝짓기를 할 때 암컷이 수컷의 육아낭에 알을 넣어요. 이 알은 수컷의 육아낭 속에서 3주 정도 자란 다음 나온답니다.

육아낭을 한껏 부풀린 수컷 해마

멋진 턱으로 전투를 벌이는
사슴벌레

▶ 생생한 영상으로 봐요!

사슴벌레는 여름이 되면 숲속 참나무, 상수리나무, 떡갈나무에서 쉽게 만날 수 있어요. 전 세계에 1,500여 종이 있으며 우리나라에는 16종이 살아요. 가장 흔히 발견할 수 있는 넓적사슴벌레는 우리나라에서 가장 큰 사슴벌레예요. 넓적사슴벌레는 이름대로 넓적하게 생겼으며 참나무 수액을 먹고 살아요.

넓적사슴벌레는 큰 턱과 머리 돌기가 발달해 있어요. 수컷은 암컷보다 턱이 크지요. 턱을 집게처럼 오므렸다 폈다 움직이며 수컷끼리 싸울 때 무기로 사용합니다. 큰 턱으로 상대를 꽉 잡은 다음 비틀어서 넘어뜨리지요.

참나무 숲에서 나를 찾아봐!

사슴벌레의 겉 날개는 피부를 보호하고 비행 시 공기 저항을 일으켜 공중에 뜰 수 있게 해요. 겉 날개 속에 있는 얇은 속 날개는 비행에 사용해요.

나는 톱사슴벌레 암컷!

사슴벌레는 보통 여름에서 가을까지 볼 수 있어요. 겨울이 되면 사슴벌레들은 겨울잠을 자는데 애벌레와 어른벌레 모두 썩은 나무 속으로 들어가서 겨울잠을 잡니다. 사슴벌레는 썩은 나무의 윗부분보다는 온도와 습도가 유지되는 나무 아래쪽에서 많이 발견돼요.

누가 내 잠을 깨우는 거야?

넓적사슴벌레 애벌레

- **학명** Lucanus maculifemoratus dybowskyi Parry
- **영어명** Stag beetle
- **서식지** 한국, 일본, 대만, 중국 등
- **분류** 딱정벌레목 사슴벌레과

우와!

제주도에서 만나! 두점박이사슴벌레

두점박이사슴벌레는 멸종위기 야생생물 2급으로 지정되어 있어요. 우리나라에서는 제주도에서만 볼 수 있지요. 밤이 되면 빛이 있는 곳으로 모여요. 몸은 전체적으로 황갈색을 띠며 앞가슴 양쪽에 검은 점이 있어요! 수명은 약 3개월로 짧은 편이에요.

사슴벌레 암컷은 죽은 참나무 속에 노란색 알을 낳고 알은 2주 후에 부화해요. 애벌레와 번데기 과정을 거쳐 어른벌레가 됩니다. 애벌레는 강력한 턱으로 썩은 나무속을 파먹으며 성장해요. 사슴벌레 대부분은 썩은 나무 속에 번데기 방을 짓지만 톱사슴벌레처럼 나무에서 나와 흙 속에 번데기 방을 짓는 종도 있어요.

나무 밑동을 살펴보면 이렇게 번데기 방을 찾을 수 있어요.

사슴벌레 수컷은 주로 경쟁자와 싸울 때 무시무시한 큰 턱을 활용해요. 또 짝짓기를 할 때 암컷이 도망가지 못하게 붙잡기도 해요.

반면 암컷의 턱은 수컷에 비해 짧지만 다 이유가 있어요. 바로 썩은 나무 속에 구멍을 파고 산란을 하기 위해서랍니다. 날카롭고 강력한 턱 덕분에 단단한 나무에도 쉽게 구멍을 팔 수 있지요.

사슴벌레들은 대부분 '주광성'이라는 성질이 있어요. 쉽게 말해 빛에 반응한다는 뜻이에요. 그래서 밤에 숲속 가로등 주변을 살펴보면 불빛을 보고 날아든 사슴벌레들을 쉽게 만날 수 있어요.

갓 어른벌레가 된 사슴벌레는 붉은색을 띠어요. 시간이 지나면서 검은색으로 바뀌지요.

성게 속에 거머리가 있다? 아니!
어친 클링피쉬

▶ 생생한 영상으로 봐요!

어친 클링피쉬는 몸이 길쭉해요. 마치 거머리 같지요. 주로 가시가 긴 성게인 롱핀성게와 함께 발견되어 이름에 성게의 영어 이름인 '어친(urchin)'이 붙었어요.

주둥이가 길고 주걱처럼 납작해요. 몸에는 노란색 줄무늬가 세 줄 있고 꼬리지느러미에는 큰 노란색 점이 있어요. 어친 클링피쉬는 배에 흡반이 있어서 바위나 벽 등에 잘 달라붙을 수 있어요.

어친 클링피쉬는 롱핀성게와 공생을 해요. 롱핀성게는 성게 중에 가장 길고 가는 가시를 뽐내요. 어친 클링피쉬는 롱핀성게의 가시 사이에 숨어서 천적으로부터 자신을 보호해요. 롱핀성게의 다리 역할을 하는 '관족'이라는 기관을 먹기도 해요. 어친 클링피쉬는 신기하게도 롱핀성게 이외의 다른 성게에는 관심이 없어요. 가시가 짧은 성게의 관족에도 관심을 보이지 않았지요.

착! 달라붙지.

유리벽에 달라붙은 어친 클링피쉬

넌 별로.

- **학명** Diademichthys lineatus
- **영어명** Urchin clingfish
- **크기** 약 5cm
- **서식지** 인도양, 서태평양
- **분류** 농어목 학치과

이건 몰랐지? 퀴즈!

어친 클링피쉬의 암컷과 수컷은 어떻게 구분할까요?

① 몸의 크기
② 꼬리지느러미의 점 크기
③ 주둥이 길이

정답은 ③번이에요. 어친 클링피쉬의 암컷과 수컷은 주둥이의 길이로 구분할 수 있어요. 암컷의 주둥이는 수컷의 주둥이보다 더 길고 가늘어요.

냠냠!

점액질이 바로 나와요!

어친 클링피쉬는 위협을 느끼자마자 피부에서 점액질을 뿜어요. 점액질에는 '그램미스틴(grammistins)'이라는 성분의 독이 있어요. 그램미스틴 독은 한 공간에 있는 다른 물고기도 죽일 만큼 치명적이에요. 그리고 이 독의 쓴맛 덕분에 포식자에게서 벗어날 수 있답니다.

롱핀성게는 어친 클링피쉬에게 많은 것을 내어주지만 어친 클링피쉬는 롱핀성게에게 어떠한 이익을 주는지 알려지지 않았어요. 이렇게 한쪽만 이익을 갖는 공생 관계를 편리 공생이라고 불러요. 다른 쪽은 이익도, 해도 없지요.

야생에 사는 어친 클링피쉬는 롱핀성게의 관족뿐만 아니라 산호 속에 사는 작은 조개나 새우의 알도 먹어요. 주둥이가 수컷보다 가늘고 긴 암컷은 작은 조개와 새우 알을 선호하며 수컷은 롱핀성게의 관족을 더 선호해요.

에퉷퉷! 맛없어!

쓴맛을 봤으니 함부로 건들지 마!

TV생물도감의 방방곡곡 생물 탐방기 2

우리나라에서 가장 큰 생태 전시관으로 초대합니다!
서천 국립생태원 에코리움

충청남도 서천의 국립생태원에는 우리나라에서 가장 큰 생태 전시관인 에코리움이 있어요. 규모가 큰 만큼 생물도 굉장히 다양하지요. 지구의 기후대별로 열대관, 사막관, 지중해관, 온대관, 극지관으로 나뉘어 있어요.

열대 우림에서는 동물 140여 종과 식물 700여 종을 만날 수 있어요. 열대관만 해도 파쿠, 파이어일 등 대형 어류, 골든나비, 세일핀 스내퍼, 쉬림프 피쉬 등 화려한 해수어와 담수어, 우파루파, 독화살개구리 등 다양한 생물을 볼 수 있지요. 대왕야자, 맹그로브숲까지 정글을 잘 재현해 두어 당장이라도 열대 우림에 사는 동물들이 튀어나올 것 같답니다!

국립생태원은 전시 외에도 불법으로 밀반입되거나 사육되는 생물들을 구조해 치료하고 보호하는 일을 하고 있어요. 흰손긴팔원숭이, 새끼 비단원숭이 등 많은 생물들이 보호받고 있답니다.

흰손긴팔원숭이

새끼 비단원숭이

서울 중심에서 만나요!
청계천

토종 붕어

청게

서울 종로에 가면 청계천이 흘러요. 청계광장부터 시작해 중랑천까지 흐르는 천이에요. 서울 시민들의 주요 산책로 중 하나이지요. 청계천에는 피라미, 참갈겨니, 모래무지, 붕어, 잉어 등 다양한 생물이 살고 있어요. 물속을 들여다봤더니 큰 잉어 뒤로 피라미, 돌고기, 몰개 등이 따라다니고 있었어요. 잉어가 바닥을 파헤칠 때 흩어지는 분진 속에서 작은 물고기들이 먹이를 찾는 모습이었지요. 보호색을 띤 육식 어종인 얼룩동사리도 보고, 청게와 참게도 만났어요! 물고기를 사냥하며 물속을 빠르게 헤엄치는 가마우지와 백로도 볼 수 있었지요. 또 어떤 생물이 있을지 방문해 보세요.

청계천은 우리나라 대표 수족관 거리!

특명! 여우를 복원하라
국립공원공단

우리나라에서 사라져 가는 멸종위기 동물로는 토종 여우인 붉은여우도 있어요. 옛날에는 전국 어디서나 서식할 만큼 흔했지만 1960년대 전국 쥐잡기 운동 등 여러 이유로 개체 수가 급격히 줄어들었어요. 약 때문에 죽은 쥐를 여우들이 먹다가 되려 여우들이 절멸된 것이에요. 이후 국립공원공단의 여우 복원 사업 덕분에 개체 수가 조금씩 늘어나고 있답니다.

국립공원공단 여우 복원 사업은 여우가 야생에서 스스로 번식하고 건강하게 활동할 수 있도록 도와주고 있는데요. 여우 수를 늘릴 뿐만 아니라 야생에서 잘 살 수 있도록 자연 적응 훈련도 해요. 다친 여우들을 치료해 주고, 다시 방사하는 일도 하지요. 여우를 방사할 때는 몸에 추적기를 달아 어디에서 살고 있는지, 번식이 잘 이루어지는지 계속해서 추적 연구하고 있답니다.

자연으로 방사되어도 생존률이 60프로밖에 안 된다고 해요. 멧돼지나 고라니를 잡기 위해 설치된 올무에 걸려 죽는 여우도 많다고 합니다. 따라서 종종 여우가 올무에 걸려 있는 것은 아닌지 직접 찾아 살펴보기도 한대요. 국립공원공단에서는 또 어떤 생물의 복원 사업을 하고 있는지 찾아보세요.

올무

추적기로 여우의 위치를 확인하는 모습

아쿠아리움의 숨겨진 공간 속으로!
아쿠아플라넷 여수

아쿠아리움에는 어마어마한 크기의 수조를 관리하고 많은 생물들을 돌보는 아쿠아리스트들이 있어요. 생물들을 건강하게 기를 뿐만 아니라 각종 전시를 기획하고 수조도 관리하지요.

수조 뒤에는 여과기, 스키머 등이 있어요. 수조 크기가 큰 만큼 여과기, 스키머도 굉장히 커요. 또 주요 수조 여과기만 30개가 넘는다고 합니다. 큰 기계들이 줄지어 선 모습들을 보니 마치 공장 견학에 온 듯했지요.

아쿠아플라넷의 특이한 점은 해수를 만드는 것이 아니라 오동도와 연결된 배관을 통해 바닷물을 직접 끌어와 사용한다는 점이었어요. 이 배관의 길이가 무려 2킬로미터나 된다고 해요. 생물에게 최대한 편한 환경을 만들기 위해 다양한 노력을 하는 모습을 볼 수 있었답니다.

아쿠아리움의 여러 바다 생물을 관찰한 다음 부록의 생물 도감(134~135쪽)을 활용해 나만의 생물 도감을 만들어 보세요!

바다에도 반딧불이가 있어요!
매오징어

생생한 영상으로 봐요!

육지에 반딧불이가 있다면 바다에는 매오징어가 있어요. 매오징어는 반딧불이처럼 밤에 밝게 빛난다고 해서 '반딧불오징어'라고도 불러요. 매오징어는 일본의 천연기념물로 일본 해안에서 많이 발견돼요. 최근에는 우리나라에서도 종종 발견되고 있어요. 매오징어 떼가 만드는 불빛은 장관을 이룬다고 해요.

우와!
심해 생물의 위장술

심해에도 아주 옅은 빛이 들어와요. 이 빛 때문에 천적에게 자신의 위치가 노출될 수 있어요. 자신의 그림자를 가리기 위해 빛을 내요. 이렇게 빛을 만드는 위장술을 '카운터 일루미네이션'이라고 합니다.

- **학명** Watasenia scintillans
- **영어명** Firefly squid, Sparkling enope squid
- **크기** 약 7.5cm
- **서식지** 서태평양 **수명** 약 1년
- **분류** 개안아목 매오징어과

오잉?

흡혈 오징어

멋있지? 빨판 대신 가시가 있어.

먹물에서도 빛이 난다고요?

어두운 심해에 사는 흡혈 오징어는 천적을 만나면 발광 기관을 서서히 닫아요. 발광 기관을 완전히 드러냈다가 멀어지는 것처럼 보이는 위장이지요. 발광 기관을 완전히 닫은 다음 빛이 나는 먹물을 뿜고서 도망가요.

매오징어는 수심 200~600미터 깊이의 심해에 살아요. 봄이 되면 짝짓기와 산란을 위해 바다 연안으로 올라와요. 가끔은 이른 시기에 해안가로 떠밀려 오기도 하는데, 바로 '용승 현상' 때문이에요. 용승 현상은 바다 깊이 있던 차가운 바닷물이 위로 올라오는 현상이에요. 용승 현상 덕분에 깊은 바다의 많은 영양분이 위로 올라와 물고기에게 좋은 영향을 주기도 합니다.

오징어의 45퍼센트가 발광 기관이 있어요. 발광 박테리아와 공생하면서 빛을 내는 오징어들과 달리 매오징어는 '루시페린'이라는 발광 물질을 이용합니다. 루시페린은 산소와 만나면 빛이 나요.

매오징어는 몸 전체가 푸른색으로 빛나요. 몸 전체에 작은 발광 세포가 약 1,000개 있는데 그중에서도 다리에 있는 발광 세포 세 개가 가장 밝게 빛나요. 매오징어의 빛은 다양한 역할을 합니다. 빛으로 짝짓기 상대를 유인하거나 적을 위협하지요. 자신의 그림자를 숨겨서 몸을 보호하기도 합니다.

또 떠밀려 왔어.

움직이는 밤송이 조개
성게

▶ 생생한 영상으로 봐요!

밤송이 조개라니, 누구를 말하는 걸까요? 바로 성게예요. 옛날에 성게를 밤송이 조개라고 부르기도 했어요. 몸이 둥글고 몸 전체에 가시가 난 모양이 마치 밤송이 같지요. 가시가 긴 성게도 있고 짧은 성게도 있어요.

네 종류의 성게를 만나 볼까요? 성게들은 각각 어떤 특징이 있는지 알아봐요.

첫 번째, 롱핀성게는 까만 몸통에 가늘고 긴 가시를 지녔어요. 다른 성게들보다 움직임이 빠른 편이에요. 두 번째는 보라성게로 어두운 바다에서 보면 검은색으로 보이지만 밝은 곳에선 보라색을 띠어요.

말똥성게는 이름대로 말의 똥을 닮았어요. 보라성게와 말똥성게는 우리나라에서 볼 수 있으며 둘 다 식용으로 많이 쓰여요. 마지막으로 컬러성게는 알록달록한 색을 띠는 성게들을 말해요. 열대 바다에 서식하며 화려한 색에 짧은 가시가 있어요.

어디 어디 숨었나?

- **학명** Echinoidea
- **영어명** Sea urchin
- **서식지** 전 세계 바다
- **분류** 성게아문 성게강

롱핀성게

조심해! 내 가시는 찔리면 엄청 아파.

태양을 피하고 싶었어~♪

웬 모자야?

너도 써 봐. 아늑하고 포근해.

성게는 입에 이빨이 다섯 개 있으며 바위에 붙은 이끼나 해조류를 갉아 먹으며 살아요. 성게는 사람과 반대로 입이 아래쪽에, 항문이 위쪽에 있어요. 특히 롱핀성게의 항문은 눈처럼 생겼으며 항문이 밖으로 돌출되어 있어요. 항문이 들어갔다가 나왔다가 반복하는데, 마치 눈을 깜박이는 것 같아요.

성게는 몸에 가벼운 돌이나 조개껍데기 등을 붙여서 모자처럼 사용하는 습성이 있어요. 이 행동의 이유는 정확하게 밝혀지지 않았어요. 위장술 또는 햇빛에 강한 자외선으로부터 몸을 보호하기 위한 행동으로 추정하고 있어요. 빛이 강한 환경에 사는 성게 중에서도, 가시가 짧은 성게가 가시가 긴 성게보다 몸에 이것저것 많이 붙이는 경향을 보였어요.

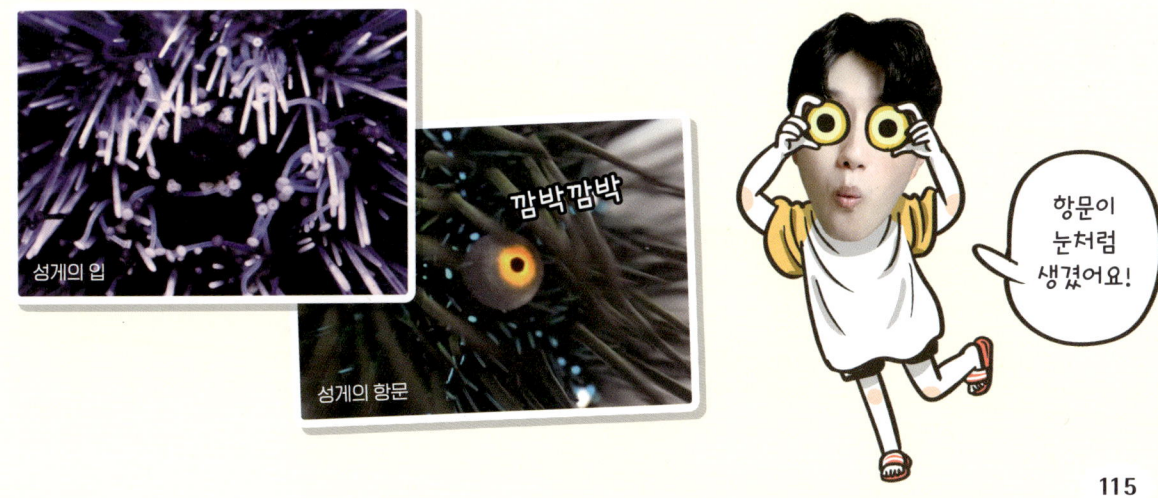

성게의 입

깜박깜박

성게의 항문

항문이 눈처럼 생겼어요!

붕어빵? 파인애플? 심해어!
철갑둥어

▶ 생생한 영상으로 봐요!

철갑둥어는 심해어답게 생김새가 신기하고 독특해요. 심해어들은 엄청난 수압에 몸이 적응되어 있어서 연안으로 올라오면 부레가 수압차에 적응을 하지 못해 다치곤 합니다. 다른 기관에도 문제가 생기지요. 하지만 철갑둥어는 연안과 심해를 오가며 생활해도 문제가 없어요. 철갑처럼 단단한 피부 덕분이라는 연구 결과가 있습니다.

철갑둥어는 20~200미터 심해에 살아요. 개체 수가 적은 건 아니지만 산 채로 포획될 확률이 적어 귀한 생물이에요. 제주도 남부, 부산에서도 종종 발견되고 있어요. 낚시를 하다가도 가끔 만난답니다.

반짝반짝!
왜 철갑이라는지 알겠지?

오잉?
황금 갑옷을 입은 물고기?

딱딱한 갑옷 덕분인지 다른 물고기에게 먹이로 잘 먹히지 않는데, 다른 방어 무기도 있대요! 바로 등지느러미와 배지느러미예요. 위협을 느낄 때 배와 등의 지느러미를 펼쳐 몸을 지켜요. 더 신기한 점은 지느러미를 힘으로 눌러도 잘 접히지 않아요. 마치 지느러미 안에 톱니가 있는 것처럼 고정되어 있는 것 같지요.

가시는 지그재그 형태로 좌우로 번갈아 펼쳐져 있어요.

- **학명** Monocentris japonica
- **영어명** Pinecone fish
- **크기** 최대 17cm
- **서식지** 서태평양, 인도양 등 온대, 열대 해역, 한국의 남부 해역
- **분류** 금눈돔목 철갑둥어과
- **습성** 야행성

우와! 빛을 내는 식물도 있어요

영국과 러시아 연구진이 발광 식물을 개발했어요. 빛을 내는 버섯의 유전자를 식물에 이식했더니 빛이 났습니다. 뿌리부터 꽃까지 계속 빛이 났다고 하는데요. 이 기술로 식물 속에서 벌어지는 다양한 작용을 눈으로 잘 볼 수 있고, 개발한 식물을 조명으로 사용하는 날이 올 거라고 하네요.

딱딱한 가시가 난 비늘이 파인애플 껍질 같아서 미국이나 영국에서는 파인애플 피쉬라고 불린대요.

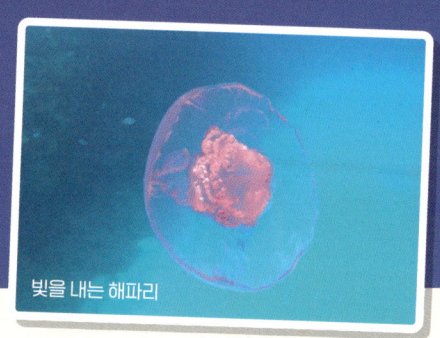

빛을 내는 해파리

온몸이 철갑처럼 단단한 골질판으로 이루어져 있어 매우 단단해요. 골질판이란 몸 표면을 덮고 있는 비늘이 뼈처럼 단단해진 것을 말해요. 온몸을 뼈가 덮고 있고, 그 뼈와 비늘이 판 모양으로 이루어져 있지요.

철갑둥어는 빛을 내는 발광어예요. 심해에는 빛이 잘 들지 않아서 심해에 사는 생물들은 발광 기관이 있는 경우가 많아요. 철갑둥어는 아래턱 쪽에 발광 기관이 있어요. 사실 그 안에서 빛을 내는 것은 발광 박테리아예요. 이 부분에서 빛이 나오면 철갑둥어의 먹이들이 반응하고 가까이 오는데, 그때 잡아먹습니다.

노랗게 빛나는 발광 기관

몸을 공처럼 둥글게 말아 버리는
공벌레

▶ 생생한 영상으로 봐요!

위협을 느끼면 몸을 공처럼 만들어 버리는 귀여운 공벌레를 만나요. 공벌레는 쥐며느리와 비슷하게 생겼어요. 몸을 둥글게 말은 모습이 콩을 닮아서 '콩벌레'라고 부르기도 해요. 공벌레는 전 세계 어디서나 습한 지역에 사는 동물이에요. 우리나라에서는 공벌레, 큰이마공벌레 이렇게 두 종의 공벌레를 볼 수 있어요.

난 쥐며느리! 난 몸을 말지 않아.

건들면 이렇게 공처럼 몸을 말아요.

몸을 말고 있는 공벌레

118

- **학명** Armadillidium vulgare
- **영어명** Pill bug
- **크기** 1~2cm
- **서식지** 유럽, 아시아, 북아메리카
- **수명** 약 2년
- **분류** 등각목 공벌레과

공벌레는 잡식성이에요. 낙엽, 나무껍질 같은 식물 외에도 곰팡이나 동식물의 사체 등을 먹으며 살아요. 이렇게 공벌레는 자연의 쓰레기를 분해하기 때문에 생태계에 이로운 동물이에요. 종종 공벌레가 많이 서식하는 곳에서는 농작물에 피해를 주기도 하지만요.

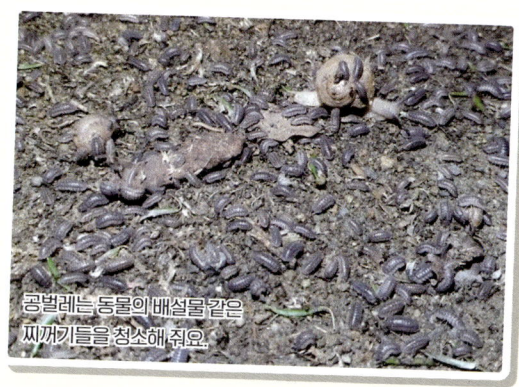

공벌레는 동물의 배설물 같은 찌꺼기들을 청소해 줘요.

공벌레의 몸은 머리, 가슴, 배로 나뉘어요. 다리는 일곱 쌍, 더듬이는 두 쌍이 있지요. 공벌레는 절지동물 아래 갈래인 갑각류에 속해요.

공벌레는 껍데기가 무척 단단해요. 높은 곳에서 떨어지거나 다른 동물한테 치여도 살아남곤 하지요.

공벌레는 땅에서 살지만 독특하게도 아가미로 호흡해요. 아가미를 촉촉하게 유지하기 위해 습도가 높은 곳을 찾아다니지요. 공벌레는 어둡고 습한 곳을 좋아해요. 따라서 습한 밤에 바위나 낙엽 아래에서 많이 발견돼요.

오잉? 또 누가 몸을 말까요?

노래기에 속하는 메가볼(구슬공노래기)도 공벌레처럼 몸을 말 수 있어요. 메가볼의 말린 몸은 공벌레보다 훨씬 크고 광택도 진해서 마치 구슬 같아요. 메가볼은 심지어 몸을 만 채로 구를 수도 있어요. 포유류인 아르마딜로도 적을 만나면 몸을 둥글게 말아요. 등이 갑옷 모양의 단단한 껍질로 덮여 있지요.

아르마딜로

뭐 하는 거야?

탈피 중….

옷 벗는 거 처음 보니? 별꼴이야. 저리 가!

탈출의 고수 바다의 별!
불가사리

▶ 생생한 영상으로 봐요!

바다의 별, 불가사리를 소개합니다! 종에 따라 다르지만 보통 팔은 다섯 개이며 바닷물이 왔다 갔다 할 수 있는 수관으로 연결돼 있어요. 느리게 움직일 것 같지만 빠르게 움직여 사냥하는 불가사리도 있어요. 불가사리는 팔 아래에 붙어 있는 '관족'으로 움직여요. 관족으로 몸을 뒤집고 움직이며 먹이를 먹을 수 있답니다.

모래를 휘젓고 다니는 샌드 불가사리

레드 불가사리

관족 밑에는 '흡반'이라고 하는 빨판이 있어서 유리창에도 잘 붙을 수 있어요.

- **학명** Asteroidea
- **영어명** Starfish
- **분류** 극피동물문 불가사리강

불가사리 탈출 실험

의자에서 탈출한 불가사리

불가사리는 밧줄로 꽁꽁 묶어 놔도 탈출할 수 있어요. 어떻게 묶여 있는데 탈출할 수 있을까요? 불가사리 몸은 잘 늘어나고 줄어드는 신축성이 뛰어나요. 자유롭게 몸의 크기를 조절할 수 있지요. 또한 수많은 관족을 이용해 줄을 밀어낸 후 몸을 작게 만들면 쉽게 빠져나올 수 있답니다.

불가사리는 몸이 참 특이해요. 심장과 머리가 없고, 항문도 없어서 입 하나로 먹기도 하고 똥도 싸는 불가사리도 있지요. 심지어 먹이를 먹을 때 위를 밖으로 꺼냈다가 먹이를 다 먹은 다음 위를 다시 집어넣는 불가사리도 있어요. 알면 알수록 신기한 생물이지요?

'불가사리'라는 이름은 몸을 잘라 내도 죽일 수 없다는 뜻인 '불가살이'에서 유래해요. 불가사리는 몸이 잘려도 살 수 있거든요. 해삼처럼 몸의 잘린 부위를 재생할 수 있는 능력이 있어요. 불가사리는 팔이 잘려도 팔을 다시 만들 수 있으며, 잘린 팔은 또 하나의 불가사리로 자란답니다.

몸 가운데에 있는 '중심반'이라는 기관 덕분에 멋진 재생 능력을 갖출 수 있어요. 하지만 이렇게 생명력이 좋은 불가사리의 약점은 바로 햇빛이랍니다. 육지에 밀려온 불가사리가 햇빛을 계속 쬐게 되면 심한 악취를 풍기며 죽어요.

불가사리의 입

세계 멸종위기 생물을 만나요!
바다거북

▶ 생생한 영상으로 봐요!

바다거북은 1억 5천만 년 전부터 살아온 생물이에요. 전 세계에 일곱 종이 있고, 우리나라에는 푸른바다거북, 붉은바다거북, 장수거북, 매부리바다거북 이렇게 네 종이 있어요. 바다거북은 육지거북과 달리 몸이 납작하고 등딱지가 평평해요. 헤엄치기 좋게 네 발은 지느러미 모양으로 생겼지요.

바다거북은 닥치는 대로 잡아먹는 잡식성이에요. 해파리같이 작은 무척추동물, 해조류, 물고기, 갑각류 등을 잡아먹어요. 평균 수명이 100~150년 이지만 약 500년 산 것으로 추정되는 3미터 크기의 장수거북이 발견되기도 했어요.

여수 아쿠아플라넷에서 만난 바다거북이에요!

난 매부리바다거북!

매의 부리처럼 부리가 뾰족하고 단단해요.

- **학명** Cheloniidae
- **영어명** Sea turtle
- **분류** 거북목 바다거북과

우와! 바다거북을 보호해 주세요!

바다 쓰레기 때문에 바다거북이 고통받고 있어요. 쓰레기를 먹이로 착각해 먹거나 그물에 몸이 끼어서 죽곤 하지요. 무분별한 남획과 지구 온난화, 쓰레기 때문에 바다거북은 멸종위기종이 되었지요. 또 급격한 기후 변화로 암컷의 수가 비정상적으로 늘고 있어요.

숨 막혀!

바다 쓰레기 배출, 멈춰!

바다거북은 넓은 바다에서 자유롭게 돌아다니다가 산란하러 육지로 올라와요. 50센티미터 깊이의 구덩이를 판 다음 알을 낳지요. 거북의 알은 온도가 27.7도 이하에서 부화하면 수컷이 되고, 31도 이상에서 부화하면 암컷이 돼요.

알에서 깨어난 새끼 바다거북은 본능적으로 바다로 헤엄쳐 나가요. 바다에 도착하기도 전에 바닷새나 게의 먹이가 되기도 합니다. 야생에서 바다거북이 성체가 될 확률은 1퍼센트밖에 되지 않아요.

내 등딱지는 소중하니까!

약한 피부를 보호하기 위해 팔을 뒤로 접은 새끼 바다거북

여수 아쿠아플라넷에서는 바다거북의 짝짓기와 산란, 부화를 돕고 있어요. 새끼를 건강하게 키운 다음 매년 야생으로 돌려보냅니다.

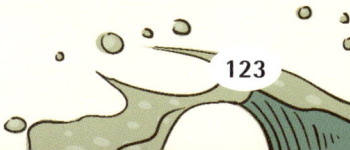

학꽁치랑 난 하나?!
아감벌레

▶ 생생한 영상으로 봐요!

학꽁치는 꽁치와 비슷하게 생겼어요. 아래턱이 학처럼 길고 뾰족해서 학꽁치라고 하지요. 학꽁치에게는 무시무시한 비밀이 있는데요. 바로 학꽁치 10마리 중 9마리에서 커다란 기생충이 나온다는 사실! 이 기생충이 바로 아감벌레입니다.

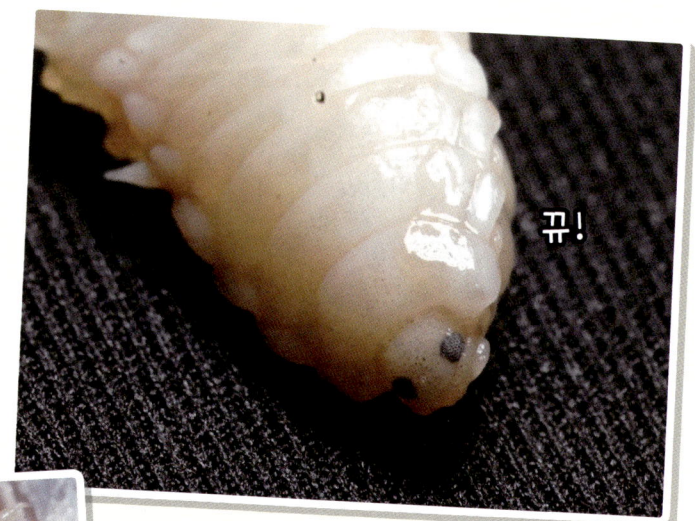
뀨!

아가미 크기에 딱 맞게 자랐지!

물고기 아가미가 아감벌레 집인 셈이죠.

혹시, 네 아가미에도?

아감벌레는 공벌레와 같은 등각류에 속해요. 하얀 몸에 검은색 두 눈이 잘 보이지요. 몸 아랫면에는 총 일곱 쌍의 다리가 발달해 있어요. 발끝은 날카로운 갈고리 형태여서 숙주 몸에 착 달라붙어 살아갈 수 있어요. 아감벌레는 기생충답게 숙주의 체액과 혈액을 빨아 먹고 숙주 크기에 따라 성장해요. 숙주가 죽으면 또 다른 숙주를 찾기 위해 밖으로 기어 나와요.

갈고리 형태의 발끝

- **학명** Irona melanosticta
- **크기** 1~2cm
- **서식지** 북서 태평양
- **분류** 등각목 갈고리벌레과

우와! 물고기에 기생하는 생물

아감벌레처럼 기생하는 등각류들이 참 많아요. 그중 키모토아 엑시구아는 물고기의 혀에 기생하며 살아요. 혀뿌리에 붙어서 혀를 괴사시키고, 입으로 들어온 영양분을 조금씩 뺏어 먹어요. 암컷과 수컷이 입을 차지해 새끼도 낳고 살지요. 대신 물고기가 죽으면 같이 죽는답니다!

아감벌레는 보통 아가미 한쪽에만 들어 있어요. 양쪽 아가미에서 한 마리씩 나올 때는 암컷과 수컷이 한 쌍으로 발견돼요. 아감벌레는 모두 수컷으로 태어나요. 학꽁치 아가미에 있는 수컷 두 마리 중 먼저 들어간 수컷이 암컷이 돼요. 생식기와 정소가 퇴화하면서 동시에 난소가 급속도로 발달합니다.

아감벌레는 봄에 알을 배고 6~7월쯤이 되면 새끼를 방출해요. 2~3밀리미터 되는 아감벌레의 유생은 바다에 떠다니다가 느리게 유영하는 물고기 속으로 들어가요. 어리고 유영이 느린 학꽁치가 아감벌레의 주 표적이지요. 학꽁치 몸에 붙은 다음 아가미 속으로 파고들어요. 학꽁치에 무임승차한 아감벌레는 아가미에 붙어서 호흡을 방해하고 영양분을 빨아 먹으며 성장해요.

아감벌레 암컷과 새끼들

바다에 사는데 바닷물을 마시면 안 된다구? 바닷속 코브라
바다뱀

생생한 영상으로 봐요!

바다뱀은 바다에 살지만 바닷물을 마시면 안 돼요. 몸속에 바닷물의 염분을 배출하는 염류샘을 가지고 있어요. 하지만 다른 해양 생물과 다르게 바닷물의 염분을 조절하는 능력이 부족해요. 그래서 몸속에 필요한 수분을 얻기 위해 주기적으로 민물을 마셔야만 해요.

비가 올 때 하늘에서 내리는 비를 마신다고 해요.

간만에 가뭄의 단비야.

안녕? 난 넓은띠큰바다뱀이야.

바다뱀은 밤에 활동하며 낮에는 대부분 잠을 자요.

바다뱀은 고래처럼 숨을 쉴 때만 수면 위로 올라와요. 폐가 커서 한 번 숨을 쉬면 최대 3시간 정도 오랫동안 잠수할 수 있어요. 바다뱀 중에 바다와 육상을 오가는 뱀도 있어요. 큰바다뱀이에요. 바다에서만 사는 뱀은 진정바다뱀이라고 한답니다.

- **학명** Hydrophiinae
- **영어명** Sea snake
- **분류** 뱀목 코브라과

우와! 약으로 쓰이는 독

바다뱀의 독을 이용해 의약품 개발을 연구하고 있어요. 이와 비슷하게 복어의 '테트로도톡신'이라는 신경독은 이미 의약품에 쓰이고 있어요. 복어 독의 신경 세포 마비 성질을 이용해 말기 암 환자의 고통을 덜어 주는 진통제로 널리 쓰여요. 야뇨증 치료제와 국소 마취제 등으로도 활용되고 있어요.

바다뱀은 무리를 지어 먹이 사냥을 해요. 주로 바다 밑바닥이나 산호 틈 속에 사는 장어나 곰치 등을 잡아먹어요. 눈앞의 먹이를 빠르게 물어요. 먹이가 도망가지 못하게 에워싼 다음 독니로 먹이를 마취시켜요. 먹이의 날카로운 지느러미에 찔리지 않기 위해 머리부터 먹지요. 먹이를 먹은 바다뱀은 몇 주 동안 육지에 머물며 소화를 시킨다고 해요.

왕! 한 번에 물기!

바다뱀은 코브라보다 10배 이상 강한 독을 가지고 있어요. 바다뱀의 독니는 작고 짧아요. 독니에 물리면 처음에는 통증이 없다가 몇 시간 후 엄청난 통증이 찾아오지요. 독은 몇 방울만으로도 신경계를 마비시켜서 생명까지 위험에 빠뜨릴 수 있어요. 다행히 바다뱀은 건드리지 않으면 조용히 지나간대요.

OX 퀴즈!

Q. 바다뱀은 어류로, 지느러미와 아가미가 있다!

O / X

정답은 X! 바다뱀은 파충류라서 아가미와 지느러미가 없답니다! 바다뱀과 생김새가 비슷한 뱀장어가 어류로 아가미와 지느러미가 있어요.

난 어류!

뱀장어

가만 놔두면 해치지 않아.

궁금하다 궁금해!
재미있는 생물 퀴즈 3

1 내가 누구게?

> 난 온몸이 철갑처럼 단단해!
> 얼마나 단단하냐면 미국에서는
> 날 파인애플 피쉬라고 부를 정도야.

2 내 이름을 맞혀 봐!

수컷으로 태어나는데 나중에 암컷이 되기도 해.

나는 학꽁치의 아가미 속에 살아.

3 OX 퀴즈

① 퍼플 슬러그는 눈, 코, 입이 없어도 잘 살아요.   O / X

② 그린 크로미스는 빨간색을 띠어요.   O / X

③ 공벌레는 몸을 둥글게 말 수 있어요.   O / X

정답: 1. 철갑둥어, 2. 아가미벼룩, 3. X(플들담운돔피러기), X(초록색), O

부록

우와! 책을 열심히 읽어 준 친구들 멋져요!
생물과 관련한 다양한 탐구 활동을 준비했어요!
어떤 활동들을 할 수 있냐면요!

1. 바다 생물 지도
바다 수심에 따라 어떤 생물들이 살고 있는지 한눈에 살펴볼 수 있어요.

2. 해양 쓰레기 문제, 어떻게 해결할 수 있을까요?
바다 생물들을 아프게 하는 해양 쓰레기 문제를 함께 고민해 봐요.

3. 자연 탐구를 할 때 주의할 점을 알아봐요!
공원이나 숲에 가서 생물을 탐구할 때 어떤 점을 조심해야 하는지 알 수 있어요.

4. 나만의 생물 도감을 만들어요!
생물을 관찰할 때 어떤 정보들을 기록해 두어야 하는지 알아봐요.

5. 맨티스 쉬림프와 쏠배감펭을 색칠해 봐요!
색깔이 알록달록한 맨티스 쉬림프와 쏠배감펭을 색칠해 봐요.
색칠하면서 각 생물에게 어떤 특징이 있는지 알 수 있어요.

활동지를 다운로드해 사용하세요!

바다 생물 지도

바다는 여러 층으로 나뉘어요. 200미터까지는 빛이 들어오는 표층(투광층), 200~1,000미터는 빛이 약하게 들어오는 중심층(약광층)이에요. 200미터 아래를 심해라고 불러요.

1,000~4,000미터는 점심층(암흑층)이라 부르며 이곳에 초롱아귀, 심해 앨퉁이 등이 살아요. 4,000~6,000미터는 심해층, 6,000미터 아래는 초심해층이라고 한답니다. 초심해층에는 긴 지느러미가 발처럼 보이는 세발치, 심해새우 등이 살아요.

해양 쓰레기 문제, 어떻게 해결할 수 있을까요?

해양 쓰레기를 줄이기 위해 어떤 해결 방법이 있는지 찾아보세요. 아래 키워드를 참고해 써 보세요.

> 비닐, 나무젓가락, 일회용품, 플라스틱, 물병, 쓰레기 줄이기,
> 재활용 잘하기, 환경 보호 포스터 만들기, 손수건 사용하기

해결 방법 1

해결 방법 2

해결 방법 3

해양 쓰레기를 줍는 '플로빙'에 대해 알아봐요!

#플로깅 #플로빙 #미세플라스틱 #업사이클 #생분해성물질

자연 탐구를 할 때 주의할 점을 알아봐요!

1. 서식지와 생물에 대해 미리 공부하고 가요.

2. 사람들이 다니지 않는 길로 들어가지 않아요.

3. 위험한 것은 만지지 말아요. 항상 보호자와 함께해요.

4. 생물에 가까이 가면 위험할 수 있으니 멀리서 관찰해야 하는 경우도 있어요.

5. 생물이 놀랄 수 있으니 큰소리가 나지 않도록 조심스럽게 움직여요.

6. 생물을 찾을 때 너무 헤집어 놓거나 나무를 깊게 파지 않아요. 서식지를 해치는 행동이에요.

7. 살아 있는 생물이 아닌 탈피 껍질을 관찰하는 것도 좋은 방법이에요.

8. 곤충의 애벌레나 번데기는 큰 스트레스를 받을 수 있으니 세게 잡지 않아요.

9. 관찰한 다음 잡았던 생물은 항상 잡았던 곳에 가서 놓아주어야 해요.

나만의 생물 도감을 만들어요!

생물을 직접 발견했다면 장소와 시간을 적어요.

책, 인터넷, 박물관, 생태 공원 정보관에서 자료를 찾아보세요.

관찰 일시	관찰 장소
7월 12일 오후 2시	제주도 서귀포시
생물 이름	두점박이사슴벌레
분류	딱정벌레목 사슴벌레과
생태 정보	제주도, 중국, 활엽수림대, 5~9월
특징	- 다른 사슴벌레처럼 수컷에게만 턱이 있어요. - 밝은 갈색이에요. - 가슴 양쪽에 검은 점이 나 있어요. - 톱사슴벌레랑 비슷하게 생겼어요. - 멸종위기 야생생물 2급이에요. - 우리나라에서는 제주도에서만 볼 수 있어요.
그림	

구체적으로 적어 두어요.

생김새 특징 외에 생태 특징도 함께 적어요.

책에 나온 내용을 토대로 도감을 만들어도 돼요.

색깔도 알 수 있게 색칠해요.

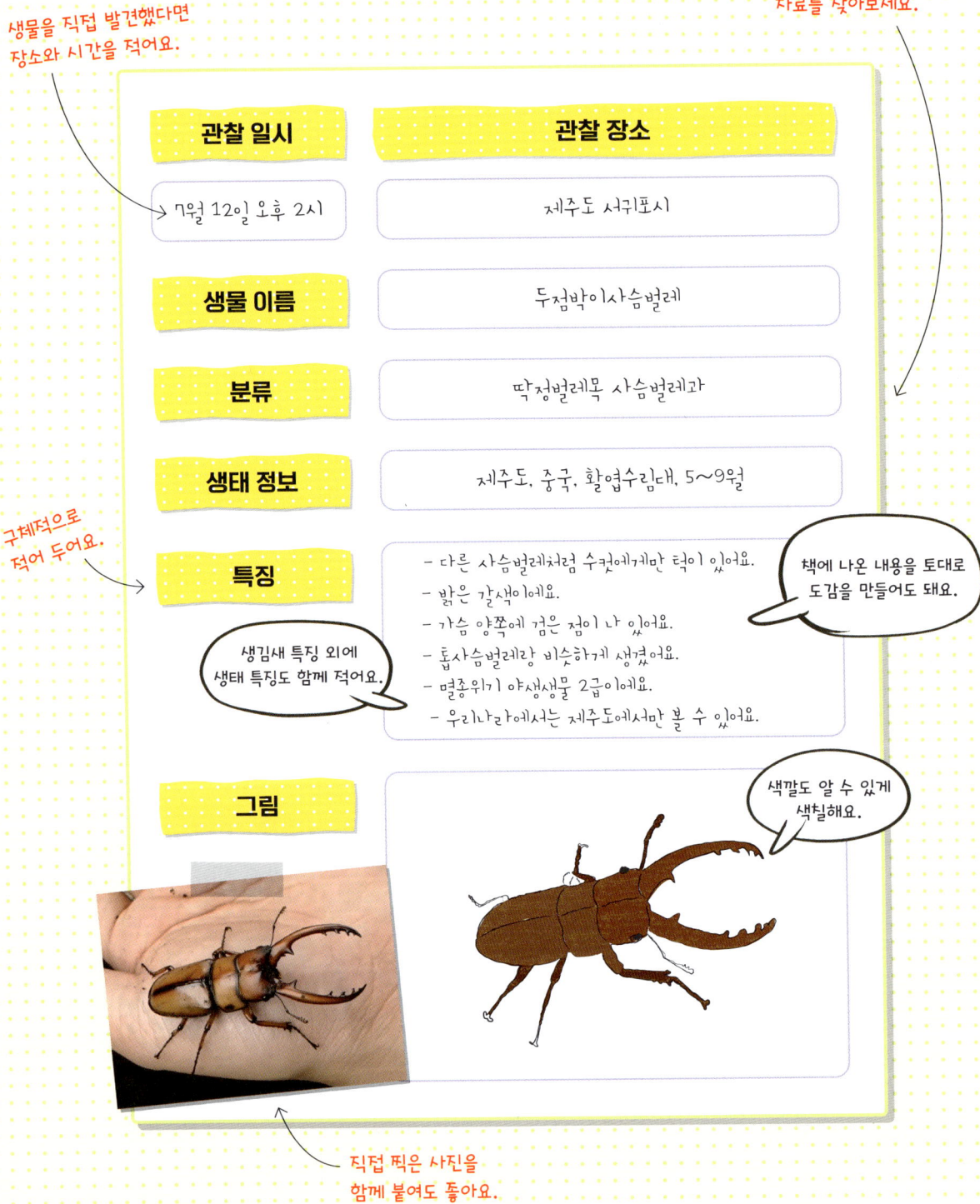

직접 찍은 사진을 함께 붙여도 좋아요.

관찰 일시	관찰 장소

생물 이름

분류

생태 정보

특징

그림

맨티스 쉬림프를 색칠해 봐요!

쏠배감펭을 색칠해 봐요!

도움받은 책

- 《깊이깊이 심해동물 첨벙첨벙 물속생물》, 닉 아놀드 글, 토니 드 솔스 그림, 이충호 옮김, 주니어김영사, 2009년 8월
- 《봄 여름 가을 겨울 물고기도감》, 노세윤 글, 류은형 그림, 진선아이, 2016년 6월
- 《어류와 양서류》, 구혜영 옮김, 한국브리태니커회사, 2009년 7월
- 《정브르가 알려주는 곤충 체험 백과》, 정브르 글, 구연산 그림, 바이킹, 2021년 7월
- 《정브르가 알려주는 파충류 체험 백과》, 정브르 글, 구연산 그림, 바이킹, 2019년 8월
- 《처음 만나는 물고기 사전》, 이상권 글, 김미정 그림, 한권의책, 2015년 6월
- 《최강왕 독 생물 대백과》, 시바타 요시히데 글, 고경옥 옮김, 글송이, 2019년 11월
- 《팔딱팔딱 바닷물고기 이야기》, 명정구 글, 조광현 그림, 보리, 2012년 1월

도움받은 사이트

- 경상남도람사르환경재단 www.gref.or.kr
- 국가 생물다양성 정보공유체계 www.kbr.go.kr
- 국가생물종지식정보시스템 www.nature.go.kr
- 국립생물자원관 한반도의 생물다양성 species.nibr.go.kr
- 국립수산과학원 수산생명자원정보센터 www.nifs.go.kr/frcenter/species
- 네이버 지식백과 terms.naver.com
- 한국 외래생물 정보시스템 kias.nie.re.kr
- 한국수산자원공단 blog.naver.com/fira_sea
- 환경부 me.go.kr

TV생물도감의
희귀한 생물 대백과

신기함 주의! 입이 떡 벌어지는 생물 총집합!

1판 1쇄 펴낸 날 2022년 12월 5일
1판 3쇄 펴낸 날 2025년 7월 10일

지은이 김준영(TV생물도감)
그림 구연산

펴낸이 박윤태
펴낸곳 보누스
등록 2001년 8월 17일 제313-2002-179호
주소 서울시 마포구 동교로12안길 31 보누스 4층
전화 02-333-3114
팩스 02-3143-3254
이메일 viking@bonusbook.co.kr
블로그 http://blog.naver.com/vikingbook
인스타그램 @viking_kidbooks

ⓒ 김준영, 2022

- 이 책은 저작권법에 의해 보호를 받는 저작물이므로 무단전재와 무단복제를 금합니다. 이 책에 수록된 내용의 전부 또는 일부를 재사용하려면 반드시 지은이와 보누스출판사 양측의 서면동의를 받아야 합니다.

ISBN 978-89-6494-594-0 73490

바이킹은 보누스출판사의 어린이책 브랜드입니다.

- 책값은 뒤표지에 있습니다.

생물 카드 퀴즈 놀이

생물 카드, 이렇게 활용하세요!

준비물

가위 주의! 카드를 자를 때는 어른과 함께해요.

놀이 방법

1. 카드를 점선에 맞추어 잘라요.
2. 생물 사진(앞면)을 친구에게 보여 주세요.
3. 사진을 보고 생물 이름을 맞혀 봐요!
4. 문제를 내는 친구는 생물의 특징(뒷면)을 힌트로 알려 주세요.

가족, 친구와 함께 보세요!
문제를 맞히다 보면 생물 박사가 되어 있을 거예요!

흰동가리
- 주황색 몸에 흰색 줄무늬가 있는 물고기예요.
- 독성이 있는 말미잘과 공생 관계예요.
- 무리에서 가장 큰 수컷이 암컷이 돼요.

폼폼크랩
- 앞발에 말미잘을 잡고 부드럽게 흔들어요.
- 독성이 있는 말미잘로 방어해요.
- 우리말 이름은 '가는손부채게'예요.

핑크 해삼
- 뛰어난 재생 능력으로 몸이 잘려도 죽지 않아요.
- 입에서 촉수들이 나와서 먹이를 먹어요.

맨티스 쉬림프
- 색이 알록달록하고 사마귀를 닮았어요.
- 주먹 힘이 무척이나 세요.
- 양쪽 눈이 360도 모든 방향으로 따로 움직여요.

파이어 쉬림프
- 빨간 몸에 흰색 반점이 나 있어요.
- 물고기 몸에 붙은 이물질도 먹어요.
- 야행성이라서 빛에 민감해요.

만두게
- 몸을 웅크리면 돌이나 만두처럼 생겼어요.
- 몸이 아주 단단해요.
- 단단한 집게발로 조개를 깨서 먹어요.

말미잘
- 바다의 꽃이라는 별명이 있어요.
- 식물이 아닌 육식 동물이에요.
- 흰동가리와 공생 관계예요.

대벌레
- 나뭇가지와 비슷하게 생겼어요.
- 위협을 느끼면 죽은 척을 해요.
- 환경에 따라 초록색 또는 황갈색을 띠어요.

할리퀸 쉬림프

- 연한 색 몸에 화려한 무늬가 많이 있어요.
- 살아 있는 불가사리를 좋아해요.
- 더듬이가 마치 꽃잎 같아요.

옐로우 박스 피쉬

- 노란색 네모난 상자를 닮아 이런 이름이 붙었어요.
- 독이 있는 복어예요.
- 수영을 잘 못하는 물고기예요.

프로그 피쉬

- 머리 앞에 튀어나온 낚싯대로 먹이를 유인해요.
- 자기 몸보다 더 큰 물고기도 먹을 수 있어요.

파리지옥

- 달콤한 향기로 곤충을 유인해요.
- 잎의 안쪽을 건드리면 잎을 닫아요.
- 잎에서 소화액이 나와 곤충을 녹여서 흡수해요.

가든일

- 겁이 많고 소심해서 모래 위로 얼굴만 내놓고 있어요.
- 몸을 숨길 때는 튼튼한 꼬리로 모래 굴을 파고 들어가요.

밴디드 파이프 피쉬

- 빨대같이 얇고 긴 물고기예요.
- 해마와 가까운 종이에요.
- 입으로 먹이를 빨아들여요.

뿔복

- 머리에 뿔이 나 있어요.
- 기분이 안 좋으면 몸 색깔이 어두워져요.
- 다 자라면 뿔이 짧아져요.

사슴풍뎅이

- 사슴벌레, 장수풍뎅이랑 생김새가 닮았어요.
- 머리에 긴 뿔이 나 있어요.
- 적을 위협할 때 앞다리를 위로 들어요.

군소

- 바다의 토끼, 달팽이라는 별명이 있어요.
- 자극을 받으면 보라색 색소를 뿜어요.
- 만지면 물컹물컹해요.

화살게

- 머리가 화살촉처럼 생겨서 이런 이름이 붙었어요.
- 다른 생물의 먹이도 뺏을 정도로 식탐이 많아요.

폭스 페이스

- 화가 나면 등지느러미의 가시를 세워요.
- 입이 작고 볼록해서 토끼를 닮았다고 해요.

쏠배감펭

- 등지느러미 가시에 독샘이 있어요.
- 독가시를 활짝 펼쳐 천적을 위협해요.
- 제주도에서 이 물고기를 잡는 축제를 열기도 했어요.

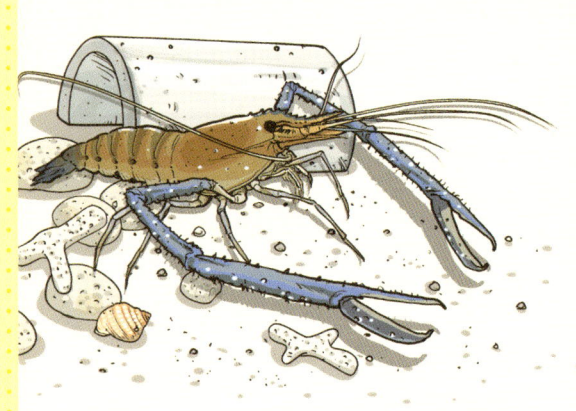

큰징거미새우

- 세계에서 가장 큰 민물 새우예요.
- 집게발이 파란색이에요.
- 따뜻한 아열대 지역에 사는 생물이에요.

섹시 쉬림프

- 엉덩이를 흔들어 말미잘 흉내를 내요.
- 주황색 몸에 흰 줄무늬가 있어요.
- 어른 손가락 한 마디 정도로 작아요.

귀오징어

- 다른 오징어와 달리 몸통이 짧고 둥글어요.
- 낮에는 모래로 몸을 덮어서 숨어요.

리본장어

- 아가미뚜껑이 없어 입으로만 호흡해요.
- 검은색 몸에 노란색 등지느러미가 돋보여요.

인디언 복어

- 복어 중에서 가장 작은 복어예요.
- 화가 나면 몸을 두세 배 크기로 부풀려요.
- 인도의 고유종 물고기예요.

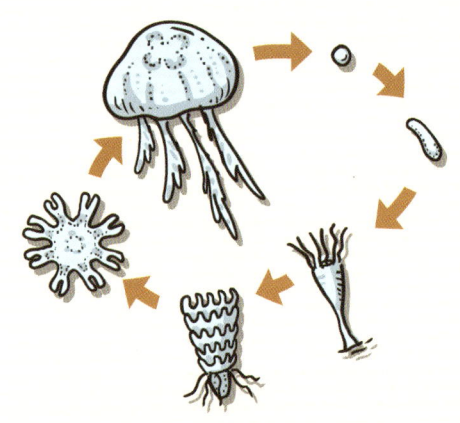

보름달물해파리

- 눈, 코, 입, 심장이 없는 생물이에요.
- 헤엄치지 못해서 물의 흐름에 몸을 맡겨 이동해요.
- 몸이 투명해요.

퍼플 슬러그

- 껍데기가 없는 바다 달팽이예요.
- 위협을 느끼면 아가미를 몸속으로 쏙 숨겨요.
- 우리말 이름은 갯민숭달팽이예요.

바티노무스 기간테우스

- 1억 6천만 년 전부터 살고 있어요.
- 외계 생명체를 닮은 듯한 심해 생물이에요.
- 부채 모양의 헤엄다리가 발달했어요.

어친 클링피쉬

- 몸에 노란색 줄무늬가 있어요.
- 천적을 만나면 롱핀성게 가시에 숨어요.
- 주둥이가 길고 납작해요.

해마

- 바다의 신 포세이돈이 타고 다니던 말로 그려진 생물이에요.
- 긴 꼬리를 해초에 감아 몸을 고정해요.
- 수컷이 알을 보살펴요.

철갑둥어

- 심해에 사는 물고기예요.
- 온몸을 뼈가 덮고 있어요.
- 아래턱에 발광 박테리아가 있어 빛을 낼 수 있어요.

성게

- 밤송이같이 생겼어요.
- 입이 아래쪽에, 항문이 위쪽에 있어요.
- 돌이나 조개껍데기를 몸에 붙이기도 해요.